はしがき

― 工業簿記入門と、財・サービスを産み出すあらゆる業種の簿記に興味ある人へ ―

　本書は、公益社団法人全国経理教育協会（いわゆる全経）・簿記能力検定試験（後援／文部科学省・日本簿記学会）「2級工業簿記」の『公式テキスト＆問題集』である。

　簿記検定試験では最初に、商業簿記の検定が行われる。しかし、国民経済的に見て重要なのは財やサービスを産み出す生産業であり、会計人として簿記を学ぶ以上、このような生産過程の管理を行う簿記ができなければならない。「工業簿記2級」は「工業」と称しているが、意識の先には、本書を紐解くと解かるように、広く生産業の簿記がある。

　一方、現実の問題として、伝統のある簿記検定試験であるから、従来の制度も踏まえなければならない。全経の簿記検定では、工業簿記の内容は1級原価計算・管理会計から導入され、1級商業簿記・財務会計とペアーになり両者の合格により1級の資格証明がなされてきた。しかし、これが1級取得の阻害要因、果ては簿記嫌いの要因になってきたと言っても過言ではないように思われる。この解決のためには、導入としての工業簿記検定を設け、受験者を誘導することも必要であろう。「2級工業簿記」には、このような思惑もある。

　したがって、商業簿記2級とペアーにせず、工業簿記2級のみで独立の合格証書が発行される。従来の商業・工業簿記体制の中に組み込まれることを避け、学習者・受験者の興味を誘導し意欲を高めるために、である。

　現実の世界には多様な生産業が存在する。これらに共通するのは、価値を生み出すのは人間労働である点である。従来の工業簿記のテキストでは、[材料―仕掛品―製品] という財の形態変化に注目した説明がなされてきた。このテキストはむしろ労働に目を向けた解説を行っている。読者・学習者諸賢には、これも読み取って欲しい。これにより工業に留まらない広く生産業に応用できる簿記センスも陶冶できる。

　本書の学習により工業、広く生産業の簿記の考え方ないし技能を身に着けられ、その証として合格証書を手にされることを祈っている。

　なお、本番の試験は、工業を主たる題材としつつ、おおよそ次の4ないし5の要素とされるので、参考にして欲しい。

・費用の分類の問題　　　　　　　　　・元帳の作成問題
・製品に至る勘定間の振替の問題　　　・原価計算表ないし仕掛品勘定の作成問題
・仕訳問題

令和6年3月

一橋大学名誉教授・商学博士
新田　忠誓
ネットスクール株式会社
桑原　知之

JN076327

| 試 験 日 | 年4回（5月、7月、11月、2月）実施
※5月と11月は上級を除きます。 |

受験資格　男女の別，年齢，学歴，国籍等の制限なく誰でも受けられます。

受 験 料
（税込）

上級		7,800 円	2級	商業簿記	2,200 円
1級	商業簿記・財務会計	2,600 円	2級	工業簿記	2,200 円
	原価計算・管理会計	2,600 円	3級	商業簿記	2,000 円
				基礎簿記会計	1,600 円

試験会場　本協会加盟校　※試験会場の多くは専門学校となります。

申込方法　協会ホームページの申込サイト（https://app.zenkei.or.jp/）にアクセスし，メールアドレスを登録してください。マイページにログインするためのIDとパスワードが発行されます。
　　上級受験者は，試験当日，顔写真付の「身分証明書」が必要です。
　　マイページの検定実施一覧から検定試験の申し込みを行ってください。2つの級を受けることもできます。
　　申し込み後，コンビニ・ペイジー・ネットバンキング・クレジットカード・キャリア決済・プリペイドのいずれかの方法で受験料をお支払ください。受験票をマイページから印刷し試験当日に持参してください。試験実施日の2週間前から印刷が可能です。

試験時間　試験時間は試験規則第5条を適用します。開始時間は受験票に記載します。

合格発表　試験日から1週間以内にインターネット上のマイページで閲覧できます。ただし，上級については2か月以内とします。※試験会場の学生，生徒の場合，各受付校で発表します。

［受験者への注意］
1．申し込み後の変更，取り消し，返金はできませんのでご注意ください。
2．上級受験者で，「商簿・財務」の科目を受験しなかった場合は「原計・管理」の科目を受験できません。
3．受験者は，試験開始時間の10分前までに入り，受験票を指定の番号席に置き着席してください。
4．解答用紙の記入にあたっては，黒鉛筆または黒シャープペンを使用してください。
　　簿記上，本来赤で記入する箇所も黒で記入してください。
5．計算用具（計算機能のみの電卓またはそろばん）を持参してください。
6．試験は，本協会の規定する方法によって行います。
7．試験会場では試験担当者の指示に従ってください。
　　この検定についての詳細は，本協会又はお近くの本協会加盟校にお尋ねください。

検定や受付校の詳しい最新情報は、
全経ホームページでご覧ください。
「全経」で検索してください。
　　https://www.zenkei.or.jp/

郵便番号　170-0004
東京都豊島区北大塚1丁目13番12号
公益社団法人　全国経理教育協会
　　TEL　03（3918）6133
　　FAX　03（3918）6196

試験範囲区分表

工業簿記・原価計算・管理会計

2　級	1　級
工業簿記（製造業簿記入門）	原価計算・管理会計
1　工業簿記の特質 　1．商業簿記と工業簿記 　2．工業経営における分課制度	
2　工業簿記の構造 　1．商的工業簿記（小規模製造業簿記） 　2．完全工業簿記 　3．工業簿記の勘定体系 　4．工業簿記の帳簿組織 　5．報告書の作成 　　a．原価計算表 ···	 製造原価報告書／明細書 　b．損益計算書と貸借対照表
3　原価 　1．原価の意義 　2．原価の要素と種類 　　a．材料費、労務費、経費 　　b．直接費と間接費 　　c．製造原価と総原価 　　d．製品原価と期間原価 　　e．実際原価	 　　f．正常原価 　　g．予定原価 　　h．標準原価 　3．原価の態様 　　a．変動費と固定費 　4．非原価項目
4　原価計算 　1．原価計算の意義と目的 　2．原価計算の種類 　　a．個別原価計算 　　b．総合原価計算 　　c．実際原価計算 　3．原価計算期間	 　　d．正常原価計算 　　e．予定原価計算 　　f．標準原価計算 　　g．直接原価計算
5　材料費の計算と記帳 　1．分類 　2．帳簿と証ひょう 　3．購入 　4．消費 　5．期末棚卸、棚卸減耗	
6　労務費の計算と記帳 　1．分類 　2．帳簿と証ひょう 　3．支払 　4．消費 　5．賃金以外の労務費	

2　級	1　級
工業簿記（製造業簿記入門）	原価計算・管理会計
7　経費の計算と記帳 　1．分類 　2．帳簿と証ひょう 　3．支払 　4．消費	
8　製造間接費の計算と記帳 　1．分類 　2．帳簿と証ひょう 　3．製造間接費の配賦 　　a．実際配賦	
	b．正常配賦／予定配賦 　4．製造間接費予算
	9　部門費の計算と記帳 　1．意義と種類 　2．部門個別費と部門共通費 　3．補助部門費の配賦 　　a．直接配賦法 　　b．相互配賦法（簡便法）
10　個別原価計算と記帳 　1．意義 　2．特定製造指図書 　3．製造元帳	
	4．作業くず、仕損の処理と評価
11　総合原価計算と記帳 　1．意義と記帳 　　a．直接材料費と加工費 　　b．仕掛品の評価 　　c．平均法と先入先出法 　2．単純総合原価計算	
	3．組別総合原価計算 　4．等級別総合原価計算 　（等価係数の決定を含む） 　　a．単純総合原価計算に近い方法 　　b．組別総合原価計算に近い方法 　5．連産品原価計算 　6．工程別総合原価計算 　　a．累加法 　7．副産物、作業くずの処理と評価 　8．仕損、減損の処理 　　a．度外視法
	12　標準原価計算と記帳 　1．意義 　2．記帳 　　a．パーシャル・プラン 　3．原価差異の計算と分析 　　a．直接材料費の材料消費価格差異と数量差異 　　b．直接労務費の賃率差異と作業時間差異 　　c．製造間接費差異（三分法）
	13　直接原価計算と記帳 　1．意義 　2．直接原価計算方式の損益計算書 　3．損益分岐点とCVP分析 　　a．安全率と損益分岐点比率

2 級	1 級
工業簿記（製造業簿記入門）	原価計算・管理会計
16　製品の受払 　1．製品の完成、受け入れ 　2．製品の販売、払い出し	
	17　販売費及び一般管理費
	18　工場会計の独立 　1．振替価格に内部利益を含めない方法
	19　原価差異の会計処理 　1．売上原価加減法
	20　原価計算基準

全経 簿記能力検定試験 公式テキスト&問題集 2級工業簿記

CONTENTS

試験 標準勘定科目表

2級 工業簿記

標準的な勘定科目の例示は、次のとおりです。なお、製造過程外で使用される商業簿記の勘定科目を除く。

製造原価に関する勘定	材料（費）	補助材料(費)	工場消耗品(費)	消耗工具器具備品(費)	労 務 費	賃 金
雑 給	経 費	賃 借 料	電 力 料	ガ ス 代	水 道 料	直接材料費
直接労務費	製造間接費	加 工 費	資産勘定	仕 掛 品	製 品	機 械 装 置
費用勘定	売 上 原 価	その他の勘定	月 次 損 益	年 次 損 益		

「もの造り」の簿記：
生産業の簿記入門

重要度

Section 1　身近な生産業簿記入門　　　　　★★★☆☆

ココがPOINT!!

あなたの労働が価値を生む

　物を生産するために必要な要素の中に「労働」があります。料理に例えると、素材だけで食べられるものはむしろ希で、素材に人が"料理"という労働を加えて、おいしく食べられ、ときにはそれがお店で売られ、収入を得ることができます。つまり、人の労働が素材の価値を上げて、製品となっているのです。

　このように製品に価値が集約されるまでのプロセス、広くいうと、「もの造り」のプロセスをまずは一覧しておきましょう。

　※具体的な試験対策はChapter 1からとなります。

　商業では商品を仕入れ、それを販売することにより利益を得ています。この場合の利益は、販売した商品の仕入原価と販売価格の差額で計算することができます。

　ところで商業で扱う商品は、生産業者が作ったものです。その生産業者は物を作って販売することで利益を得ていますから、利益計算のためには、正しい製造原価を算定しなければなりません。

　このChapterでは「もの造り」の中の「物作り」と簿記の必要性を見ていきましょう。

Section

1

重要度

★★★☆☆

身近な生産業簿記入門

はじめに

物作り（'もの造り'）と聞くと、大手の家電メーカーや自動車メーカーが思い浮かぶのではないでしょうか。物作りは大手のメーカーだけではなく、町のケーキ屋さん、天ぷら屋さん、さらには農業も物作りです。
ここでは身近なテーマをもとに、物作り（'もの造り'）と簿記の必要性について見ていきましょう。

1 物作り（'もの造り'）を管理するには簿記の考え方が絶対必要！

みなさんは、「工業簿記」というと、大規模な設備を持ち、工場で、物（製品）を作っている大企業の簿記を考えることでしょう。

しかし、工業簿記の考え方は、このような分野に限らないのです。私たちに身近なケーキ屋さんやパン屋さん、街の惣菜屋さんから野菜作りなどまで、物を作っている事業すべてで、物作りの過程を管理し、利益を得るために絶対に必要な考え方なのです。

その意味では、'工業'簿記ではなく、「製造業簿記」＜「生産業簿記」＜「'もの造り'簿記」といった方が良いでしょう。この簿記の考え方がなければ、物作りを継続して行うことはできないし、わたし達の生活が成り立たないのです。

2 物作り（'もの造り'）に必要な要素は？

それでは、物を作るためには、何が必要なのでしょうか。みなさんは、素となる**素材**、原料をすぐに思い浮かべるかもしれません。しかし、素材があっても、これを加工する人がいなければなりません。つまり、**労働**がなければ、新しいもの、生産品、製品を生み出すことはできません。その意味では、人の労働が最も重要な要素です。

物作りに必要なものとして、「素材」[01]、「労働」[02]、次に、必要なものは何でしょうか。それは、素材を製品に変形させるのに必要な物、いわば「加工に役立つ物」です。加工に役立つ物には、作る物によりさまざまな物がありますが、工業簿記では、これらをまとめて、**経費**と呼びます。この「3要素」を把握することが、工業簿記の出発点になります。

材料・原料[03]は、経費の支援を受けた労務費つまり人間労働により、完成品に向かって変形されていきます。完成品[04]に向かってこの変形途中の物を、工業簿記では、**仕掛品**[05]といいます。

01) 工業簿記では、これを**材料**または**原料**といいます。

02) 工業簿記では、これを**労務費**ととらえます。

03) 一般に、製品に対して、家具（木材）のように元の形が見える場合には**材料**、パンや化学製品のようにわからない場合には**原料**という表現がなされます。

04) 工業簿記では、これを**製品**といいます。

05) 「掛」という字には「途中」という意味があります。

これらの関係を図示してみましょう。

このように、物作りの簿記では、材料費、労務費、経費を把握・計算することが課題となります。

3　工業簿記の一連の流れを見てみましょう〜天ぷら屋さんの1日〜

いま、天ぷら屋さんを始めたとして、一日の工業（製造業）簿記を見てみましょう。まず、魚や野菜などの食材が必要です。

次に、天ぷら粉や天ぷら油が必要ですし、揚げるための燃料も必要です[06]。

これらの材料の購入に、51,000円かかり、これらはすべて現金で支払ったとします。仕訳では、次のようになります。

（借）材	料	51,000	（貸）現	金	51,000

このうち、材料には、天ぷら粉など一部が残るものがあります。それは、翌日以降に使われます。このようなときは、実際に消費された材料を調べます。仮に、50,000円分しか使わなかったとすると、消費した分が費用となります[07]。

（借）材　料　費	50,000	（貸）材	料	50,000

これでは、天ぷらができませんから、人の力が必要です。そこで、揚げる人の1日分の給料を計算します。いま、自営の場合には、例えば、自分の取り分（月給）を計算して、これを日割りにすればよいでしょう。仮に、4,000円だったとします。

（借）労　務　費	4,000	（貸）現	金	4,000

調理専門学校で使えます。

06) 細かく材料を調べなければなりませんが、ここでは、大まかな流れを説明するだけですから、このくらいにしておきましょう。

07) 残り1,000円は材料となります。

さて、天ぷらを揚げ始めます。いよいよ天ぷらという製品に向かって、製造過程に入りましたが、まだ、製品にはなっていません。これを仕訳で表すと、次のようになります。

（借）仕　掛　品　54,000	（貸）材　料　費　50,000	
	労　務　費　4,000	

しかし、これだけで、天ぷらはできるでしょうか。駄目ですね。天ぷら鍋やコンロがないと、天ぷらはできません。さらに、店の家賃も必要でしょう。

このような天ぷらを揚げることを支える費用を経費といいます。鍋は、何年も使用されますので、減価償却の対象になります。家賃は、月払いの家賃を日割りにすればよいでしょう。今は話を簡単にして、特注大鍋の減価償却費 500 円と日割りの家賃 1,300 円のみを考えます。

（借）経　　　費　1,800	（貸）減価償却費　500
	支払家賃　1,300
（借）仕　掛　品　1,800	（貸）経　　　費　1,800

この段階の仕掛品勘定を示してみましょう。

仕　掛　品

材　料　費	50,000	*製　　　品*	*55,800* [08)]
労　務　費	4,000		
経　　　費	1,800		

08）斜体（貸方）では、次の「製品への振替仕訳」も予め示しています。

つまり、物を作るためには、**材料費、労務費、経費**が必要です。仕掛品勘定は、天ぷらが今まさに、ジュージュー揚げられている状態を示しています。

揚げあがった天ぷらは、製品勘定に振り替えられます[09]。

（借）製　　　品　55,800	（貸）仕　掛　品　55,800

09）下の製品勘定には、斜体で、次の「売上原価への振替仕訳」も予め記入しています。

製　　　品

仕　掛　品　620個@90円	55,800	*売上原価　615個@90円*	*55,350* [09)]

↑
（原価計算）

美容院や床屋などのサービス産業の場合には、仕掛品や製品がありませんので、材料費、労務費、経費がそのまま売上原価になります。
⇩
理容・美容専門学校で使えます。

いよいよ販売の準備ができましたが、ここで、工業（製造業）簿記の重要な役割が出てきます。つまり、いくらで売ったらよいかという原価の計算「原価計算」にもとづく売価決定の局面です。いま、揚がった天ぷらが620個だったとすると、1個あたりの原価は90円（55,800円÷620個）になります。これには、給料などすべての費用が含まれていますので、この値段で売り、完売すれば、元は取れます[10]。

販売されたら、次のように仕訳します。売価を十分元が取れるように100円とし、売れたのは、615個[11]で、5個残ったとしましょう[12]。

10)個人の商店では、自分の給料を原価に入れずに、売価決定の段階で、給料を計算することが多いかもしれません。

11)@100円×615個 ＝61,500円

12)製品勘定には @90円×5個＝450円 が残ります。

| （借）現　　　　　金 | 61,500 | （貸）売　　　　　上 | 61,500 |
| （借）売　上　原　価 | 55,350 | （貸）製　　　　　品 | 55,350 |

売　上　原　価

| 製　　　品 615個@90円 55,350 | |

このてんぷら屋さんの損益計算書を作成すると、次のようになります。なお、残ったてんぷらは翌日すぐに、販売できると仮定しています[13]。

13)もし、販売せず、廃棄する場合には、これが天ぷらを揚げるうえで、どうしても避けられないもの（コスト）であれば、この分も売上原価となります。つまり、製品から売上原価に振替えられる仕訳は、次のようになります。

（売上原価）55,800
　（製　品）55,800
この場合には、製品の残高はありません。

損　益　計　算　書

Ⅰ　売　　上　　高		61,500
Ⅱ　売　上　原　価		
1.期首製品たな卸高	0	
2.当期製品製造原価	55,800	
合　　計	55,800	
3.期末製品たな卸高	450	55,350
売上総利益		6,150

このように、この天ぷら屋さんは、6,150円の**粗利**[14]を確保できたことになります。つまり、工業簿記により、原価の計算ができると同時に、利益を確保できる売価を決める際の必要不可欠の資料が提供されています。

14)会計学の売上総利益を商売では、こう表現します。

ケーキ屋さんの簿記

ケーキ屋さんを考えてみましょう。ケーキ屋さんになると、天ぷら屋さんより、少し複雑になります。仕掛中つまり当日に完成しないケーキが出てくるからです。また、前の日に仕掛中だったケーキが当日には製品になります。

ケーキのスポンジになる小麦粉や砂糖、バター、その他香辛料などケーキ作りに必要な材料を現金で購入した場合[01]には、次のように仕訳します。

(借)材 料	51,000	(貸)現 金	51,000

そして、使った材料、つまり、消費した材料を測ります。消費額が50,000円だったとすると、次のように仕訳します[02]。これはてんぷら屋さんの場合と同じです。

(借)材 料 費	50,000	(貸)材 料	50,000

いよいよケーキ作りが始まったら、次のように仕訳します。これもてんぷら屋さんの場合と同じです。

(借)仕 掛 品	50,000	(貸)材 料 費	50,000

職人さんの給料も計上しなければなりません。これを現金で支払った場合には、次のように仕訳します。

(借)労 務 費	4,000	(貸)現 金	4,000

ケーキ作りのために働いたのですから、次の仕訳となります。これもてんぷら屋さんの場合と同じです。

(借)仕 掛 品	4,000	(貸)労 務 費	4,000

このほか、経費がかかります。ケーキのスポンジを焼くオーブンなどの場合には、減価償却が行われます。

この場合、このオーブンが焼けるケーキの総量を見積り計算し、次のように、当該期間の製造個数に配分するのが、理論的なやり方です。しかし、実際には、使用可能年数を見積もり、日割り計算するなどさまざまな簡便法が採られます。これは、道具類でも同じです。

$$\underset{(減価償却費)}{当該期間の配分額} = \underset{(取得原価-残存価額)}{要 償 却 額} \times \frac{当該期間の製造個数}{見積総製造個数}$$

製菓専門学校で使えます。

01)小麦粉やバターなどの材料の代金を後日払う場合には、

(材 料)	51,000
(買 掛 金)	51,000

と仕訳し、のちに、普通預金口座より口座振替で支払った場合に、

(買 掛 金)	51,000
(普通預金)	51,000

と仕訳します。

02)使い切ってしまうような材料または少額な材料の場合には、購入した時に、最初から材料費とすることがあります。

(材 料 費)	×××
(現 金)	×××

　もし、家賃を支払っており、この家賃が、ケーキを販売する店部分とケーキを作る工房と共通である場合には、店部分と工房部分の面積に応じて家賃を配分します。

　いま、経費として、オーブンや道具類の減価償却費900円と工房部分の支払家賃1,500円（この二つのみを経費とする）のみを考えるとしたら、次のようになります。

（借）経　　費	2,400	（貸）減価償却費	900
		支 払 家 賃	1,500

これも、てんぷら屋さんの場合と同じように、仕掛品勘定に振り替えます(03)。

（借）仕　掛　品	2,400	（貸）経　　費	2,400

03）**振替**とは、ある勘定から他の勘定へ金額を移すことをいいます。

　さて、仕掛品勘定ですが、ケーキには前の日に製造途中で、まだ、完成していないケーキ（例えば、製品にならなかった完成途中のスポンジなど）が800円あったとすると、次のようになります。

仕 掛 品

前 日 繰 越	800	製　　　品	55,000 (04)
材 料 費	50,000	翌 日 繰 越	2,200
労 務 費	4,000		
経　　費	2,400		
	57,200		57,200

04）仕掛品勘定には、斜体で、次の「製品への振替仕訳および繰越記入」も予め記入しています。

　ここで、これまでの製造コスト（費用）57,200円を原価計算手続により完成したケーキと未完のケーキへ配分し、完成したケーキの原価を製品勘定へ振り替えます。

　いま、製造過程に入ったケーキの個数が210個、うち、完成品200個、仕掛中のケーキが10個（その完成度合が80%）であった(05)とすると、208個分が当日の「原価計算」の基礎になり、製品には55,000円（@275円(06)×200個）が振り替えられます。

05）10個×0.8＝8個
06）@275円＝57,200円÷208個

（借）製　　　品	55,000	（貸）仕　掛　品	55,000

　製品として、前の日に売れなかったケーキが2個、548円（前の日の原価計算では、1個274円）あったとします。

製 品

前 日 繰 越　2個@274円	548	売 上 原 価 198個	54,448 (07)
仕 掛 品　200個@275円	55,000	翌 日 繰 越　4個@275円	1,100
	55,548		55,548

07）製品勘定には、斜体で、次の「売上原価への振替仕訳および繰越記入」も予め記入しています。

店で、このうち 198 個が @500 円で売れたとすると、売上原価は 54,448 円（@274 円 × 2 個 + @275 円 × 196 個）となります（先入先出法[08]による）。

08)前にあるもの（@274 円 × 2 個）を先に販売したとしています。

| （借）現 | 金 | 99,000 | （貸）売 | 上 | 99,000 |
| （借）売 上 原 価 | | 54,448 | （貸）製 | 品 | 54,448 |

これにより、ケーキ屋さんの粗利は、44,552 円となります。これは、工房でケーキを作った利益、直接的な 'もの造り' の利益です。

ここまでの活動にもとづき、損益計算書を作成すると、次の売上総利益までのようになります。これは、期首製品たな卸高（前の日のケーキ）がある点で、前のてんぷら屋と数値は異なりますが、考え方は全く同じです。

しかし、店の経営を維持していくためには、販売店員の給料や店舗の家賃、広告宣伝などの諸費用も必要です。そこで、これらの費用も考えた損益計算書が次のようになります。

09)これが原価計算の領域です。

つまり、商売をするには、これらの費用も必要であり、売価の決定にあたっても、製品の原価だけ[09]ではなく、これらの「販売費及び一般管理費」も考えに入れなければなりません。その結果、計算されるのが営業利益です。これにより、商売の '儲け' が分かります。

損 益 計 算 書

Ⅰ	売　　上　　高		99,000
Ⅱ	売　上　原　価		
	1．期首製品たな卸高[10]	548	
	2．当期製品製造原価[11]	55,000	
	合　　　　計	55,548	
	3．期末製品たな卸高[12]	1,100	54,448
	売上総利益		44,552
Ⅲ	販売費及び一般管理費		
	給　　　　料[13]	3,500	
	家　　　　賃[14]	1,000	
	広告宣伝費など諸費用	35,000	39,500
	営業利益		5,052
	⋮[15]		⋮

10)商業簿記では、「期首商品たな卸高」です。

11)商業簿記では、「当期商品仕入高」です。

12)商業簿記では、「期末商品たな卸高」です。

13)販売員や経理事務員、経営管理者などの給料

14)店舗分

15)このあとには、本業（ケーキ販売）と関係ない活動の収益や費用が計上されます。これらは、商業簿記の検定（とくに 2 級）を見てください。

農業の簿記

　原価の計算は、どのような業種でも必要です。今度は、農業について見てみましょう。

　農業といえば、お米を始め様々な作物を作り、農協等に出荷していますが、ここでは、話を簡単にするために、キュウリを作り、自宅の庭先で売っているケースを考えましょう[01]。また、会計期間もキュウリの種まきから収穫・販売までとしておきましょう。つまり、キュウリが完売し、売れ残りがないとします。

　キュウリを作るためには、種が必要ですね。材料です。種を購入したとき、次のように仕訳します。

（借）種苗費[02]（材料費）	50,000	（貸）現　金	50,000

　また、畑を耕さねばなりません。耕運機を使えば、減価償却費を計上しなければなりません。耕運機は他の畑の耕作にも使われますので、その減価償却費をキュウリ畑分に配分します。

（借）減価償却費（経費）	2,000	（貸）機械装置[03]減価償却累計額	2,000

　加えて、肥料も撒かねばなりません[04]。

（借）肥料費（材料費）	30,000	（貸）現　金	30,000

　これらの費用すなわち工業簿記でいう「材料費」と「経費」を、仕掛品勘定にまとめます。

（借）仕掛品	82,000	（貸）種苗費	50,000
		減価償却費	2,000
		肥料費	30,000

　さらに、生産のためには、労働つまり労務費が必要です。労務費は、労働の単価とキュウリ作りに関わった時間により決められますが、ここでは、［耕作—播種—追肥—収穫—販売］までの人件費をまとめて、300,000円[05]としました。なお、人件費（労務費）は見積もったとします。

（借）労務費	300,000	（貸）未払労務費	300,000
（借）仕掛品	300,000	（貸）労務費	300,000

　収穫が近づいてくると、支柱なども必要になります。これらの費用も考えましょう。支柱を2,000円購入しました。

（借）諸材料費	2,000	（貸）現　金	2,000
（借）仕掛品	2,000	（貸）諸材料費	2,000

01）つまり、生産の最初から最後すなわち販売まで自分が管理できる体制の場合です。

02）種からではなく、農協から代金後払い（付け）で苗を買った時には、次のように仕訳します。
（種苗費）50,000
　（買掛金）50,000

03）耕運機を農協から月賦で購入したときは、次のように仕訳します。
（機械装置）700,000
　（未払金）700,000
10回払の月賦の1回めを農協の普通預金から口座引き落としにより払ったとき、
（未払金）70,000
　（普通預金）70,000

04）他に、虫や病気を防ぐための薬剤の散布やその他付随する処置もありますが、これら詳細は無視し、肥料で代表させます。
肥料を購入したときは、
（肥料）40,000
　（現金）40,000
肥料を施したとき、
（肥料費）30,000
　（肥料）30,000
とするのが正しい処理です。なお、肥料は他の畑にも撒かれます。

05）金額は少ないですが、米など他の農作物も扱っていると考えてください。

支柱は翌年にも使えますので、当年度分を計算するのが理論的ですが、このような少額で毎年発生する費用は、当期の費用にしてしまいます。

ここまでの仕訳にもとづき仕掛品勘定（成長しているキュウリを示す勘定）を示すと、次のようになります。

06)収穫されることを予定して「製品勘定」を使用することも考えられます。下の注10)をみてください。

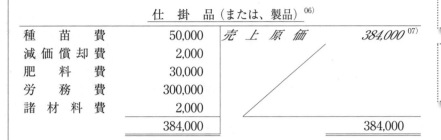

仕 掛 品（または、製品）[06]

種 苗 費	50,000	売 上 原 価	*384,000*[07]
減 価 償 却 費	2,000		
肥 料 費	30,000		
労 務 費	300,000		
諸 材 料 費	2,000		
	384,000		384,000

07)仕掛品勘定には、斜体で、次の「売上原価への振替仕訳」も予め記入しています。

384,000 円がキュウリ作りの総原価です。人件費（農家の所得）300,000 円が既に入っていますので、仮に、24,000 本の収量が見込まれたとすると、1 本当たりの原価は 16 円[08] となりますので、6 本（原価 96 円[09]）を一まとめにして 100 円で売れば、元が取れます。

08) 384,000 円÷24,000 本 ＝ 16 円

09) @16 円×6 本 ＝ 96 円

ただし、総原価が分かるのは、キュウリの収穫がすべて終了してからです。そのため、この情報は、翌年のキュウリ生産に役立ちます。今年度中の収穫ごとの販売では、終了までの原価を予想して、売価を決めることになります[10]。

そこで、キュウリの生産がすべて終了した段階で、次のように、仕掛品勘定からいきなり売上原価勘定に振り替えることになります。

10)理論的にいうと、キュウリの収穫ごとに、収穫本数に 16 円を掛けた数値を製品勘定に振り替えることになりますが、総収穫量が途中では分からないので、これは不可能です。

（借）売 上 原 価 384,000 　　（貸）仕 掛 品 384,000

この場合、仕掛品勘定を使わずに、最初から製品勘定を使っても、結果は同じになります。ここに農業の特殊性があるかもしれません。

一方、キュウリの販売代金は、その都度、次のように仕訳しておく必要があります。
50 袋売れた日：

（借）現 金 5,000 　　（貸）売 上 5,000

仮に、総計で 4,000 袋売れたとすると、キュウリ生産の粗利は次のようになります。

損 益 計 算 書

Ⅰ 売 上 高	400,000[11]
Ⅱ 売 上 原 価	384,000
売 上 総 利 益	16,000

11) @100 円 × 4,000 袋 ＝ 400,000 円

Chapter 1

生産業簿記の中の工業簿記

	重要度
Section 1 工業簿記とは	★★★☆☆

ココがPOINT!!

商品は作った人にとっては製品

　我々が日常手にする「商品」は必ず、どこかで誰かが作ったものです。そして作った人（会社）にとって、それは「商品」ではなく「製品」です。

　工業簿記はそういった「製品」を作り出す製造業（メーカー）での簿記ということになります。

　それではメーカーの世界、見ていきましょう。

工業簿記とは

はじめに

あなたは、家具を仕入れて販売する、全経家具の経営者です。
最近のあなたの悩みは、良い家具は安く仕入れられませんし、安い家具は品質が悪く、お客様に喜んでもらえないことにあります。
そこで一念発起したあなたは、自社で家具を作るために工場を持つことにしました。
工場で行われる簿記と、これまで行ってきた簿記、いったいなにが違うのでしょうか。

1 商業簿記と工業簿記

　外部から仕入れた商品を、そのまま外部に販売する企業を商品売買業といい、そこで用いられる簿記が「商業簿記[01]」です。

　これに対して、**外部から材料などを仕入れ、自社内で加工し、製造した物を外部に販売する企業**を製造業（メーカー）といい、そこで用いられる簿記を「工業簿記」といいます。つまり、労働者が社内で加工し、製品を製造することが、商業簿記と異なる点です。

> 01) みなさんは、3級の学習から、商業簿記の学習を本格的にしています。

> 商品売買業では「商品」、製造業（メーカー）では「製品」と呼んで区別しています。

〈商品売買業〉

> 商品売買業で用いるのが商業簿記、製造業（メーカー）で用いるのが工業簿記です。

〈製　造　業〉

2 製造業と原価計算

製品を自社で製造する製造業では、製品を販売したさいの売上原価の算定や貸借対照表に記載する「製品」の金額を算定するために、**製造した製品の原価**[02]を計算しておく必要があります[03]。

この「**製品1個を作るのにかかったお金を計算すること**」を原価計算といい、製造業で行う工業簿記の中核となるものです。

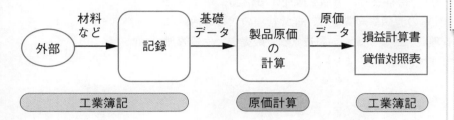

工業簿記も商業簿記と同じく、取引を「記録」し、必要な「計算」を行い、その結果を損益計算書や貸借対照表といった財務諸表で「報告」します。このうち、「**記録と報告**」は主に『**工業簿記**』の役目であり、『**原価計算**』は主に「**計算**」を役目とします。

3 原価計算の期間

製造業も商品売買業と同じく、一会計期間（通常1年）ごとに財務諸表を作成し公表します。

しかし原価の計算は、対応を迅速にするために**1カ月単位**[04]で行われ、この期間を「原価計算期間」といいます。

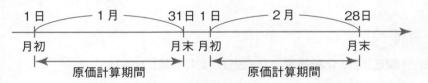

なお、月の初めを「**月初**」、月の終わりを「**月末**」といい、月初から月末までの間を原価計算期間といいます。

---

02) 製品を製造するためにかかった金額、コストのことです。

03) 商品売買業では、仕入原価がわかっているので、製品原価の計算を行う必要がありません。

04) 毎月1日から月末までの1カ月です。

「先月は原価がかかりすぎたから今月はセーブしよう」と判断できるようにしています。「昨年は原価がかかりすぎたから、今年は…」では遅すぎるのです。

4 総原価ってなに？

　工業簿記で「原価」というと、「経営活動において消費された経済的資源を貨幣支出額にもとづいて測定したものである」と定義されます。端的にいえば、「なにかしらの生産活動のためにかかったお金」という意味合いで考えてください。そして、この中で**製品を製造する活動にかかったお金**が製造原価となります。

　この他に広告費や販売員の給料など、製品を販売する活動にかかったお金が「販売費」、本社社屋の減価償却費など、経営管理のための活動にかかったお金が「一般管理費」となります。製造原価、販売費、一般管理費の合計は総原価となります。

05) 製造原価は製品の原価となり、在庫分は資産として次期に繰り越されます。

06) 販売費や一般管理費は発生額が当期の費用となります。

Try it 例題 　**原価の分類**

次の項目を、(1)製造原価、(2)販売費、(3)一般管理費に分類しなさい。
ア．材料代　　イ．工員の賃金　　ウ．販売員の給料
エ．本社社屋の減価償却費　　オ．工場機械の動力費用

解答
(1)　製　造　原　価　…　ア、イ、オ
(2)　販　売　費　…　ウ
(3)　一般管理費　…　エ

Section 1のまとめ

■商業簿記と
　工業簿記　　商業簿記：商品を外部から仕入れて、その商品を外部に販売する「商品売買業」
　　　　　　　　　　　　を営む企業が採用する簿記

〔商品売買業の流れ〕

工業簿記：自ら製品を作り、それを外部に販売する「製造業」を営む企業が採用
　　　　　する簿記

〔製造業の流れ〕

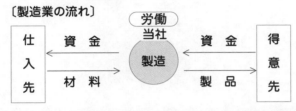

※製造を行うため、企業外部との取引の記録の他、製造活動に関する記録と原
　価計算を行います。

■工業簿記と
　原価計算　　工業簿記：記録と報告が主な役目
　　　　　　　原価計算：製品原価の計算が主な役目

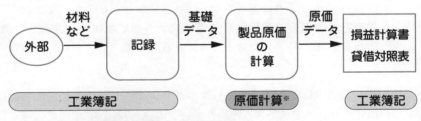

※1カ月単位（原価計算期間）で行われます。

■総　原　価

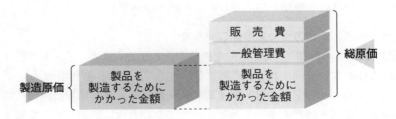

コラム　商業簿記と工業簿記の違い

　商業簿記は商品売買業の簿記で、工業簿記は製造業…。などという話ではなくて、知識のありようとしての違いについてお話しましょう。

　商業簿記で「有価証券の評価の処理がわかっている」からといって「貸倒引当金の処理ができるか」というと、それは無理です。両者は、まったく違う知識です。

　一方、工業簿記で「単純総合原価計算」で原価の計算ができれば「組別総合原価計算もできるようになるか」というと、できるようになるのです。

　そうなんです。

　商業簿記の知識は常に1対1、つまり1つをマスターすれば1つ分の実力になり、その1つが出題されれば得点できるという1対1の"細切れの知識"なのです。

　それに対して工業簿記の知識は「総合原価計算」なら「総合原価計算」、「個別原価計算」なら「個別原価計算」という、1つの"塊の知識"なのです。そうして、その1つの塊について、問題ではいろいろな切り口で問われるという関係です。

　このことが、両者の学習方法にも影響してきます。

　商業簿記は"細切れの時間"でも、学習を進めることができます。しかし、工業簿記は"塊の時間"を使わないと、なかなか理解するところにまで行き着きません。

　ですからみなさん、全経2級の2科目を同時に受験するときの学習計画は、時間が充分にとれる時期を工業簿記の学習にあて、そうでないときに商業簿記を学習するというのが合理的な方法と考えてください。

　こう考えれば、多少忙しい方でも効率よく学習でき、しっかりと合格していけるでしょう。

Chapter 2

工業簿記のアウトライン

		重要度
Section 1	工場で製品が作られるまで	★★★☆☆
Section 2	製造原価の分類	★★★★★

ココがPOINT!!

モノの動きと原価の流れ

材料を買ってきて、工場で加工すると製品ができ上がります。つまり工場では材料を加工することにより

材料 ―→ 仕掛品(しかかりひん)* ―→ 製品

加工労働

*作りかけの製品を意味します。

と姿を変えていくのです。この過程を工業簿記でも材料・仕掛品・製品といった勘定科目を用いて記録します。

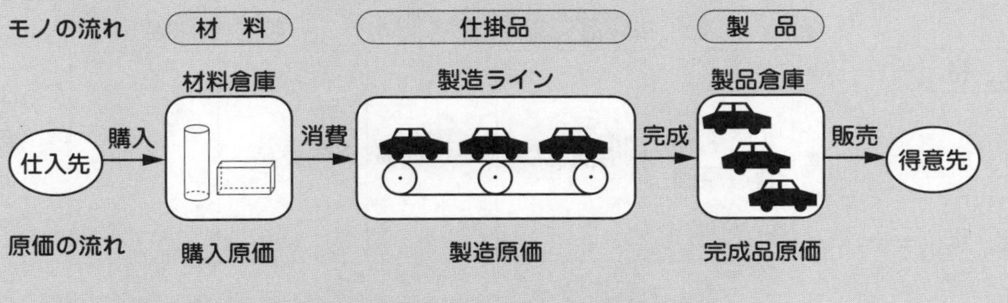

モノの流れ
材料
仕掛品
製品
材料倉庫
製造ライン
製品倉庫
仕入先
購入
消費
完成
販売
得意先
原価の流れ
購入原価
製造原価
完成品原価

まずは、この勘定科目の流れ(つながり)が大切です。
少しずつはじめていきましょう。

工場で製品が作られるまで

はじめに

自社で家具を製造する工場を持とうと決めたあなた。

工場で製造して販売するには工業簿記で記録するということを知りました。

商品を販売する商業簿記は知っているのですが、製品を作る工業簿記の記録
の方法はわかりません。どうやら、工場での製造ラインと同じように記録し
ていくようなのですが…。

それでは、全経家具がどのように製品を作り、それをどのように記録すれば
よいのかを見ていきましょう。

1 工業簿記の全体像

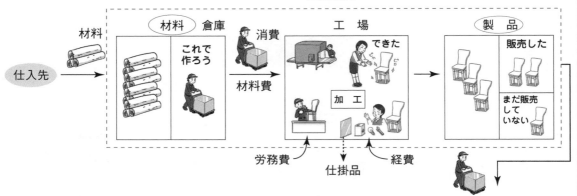

製品は、材料を買ってきて工場で加工してできあがります。

工場で加工するときは、材料の他に、加工する職人の賃金(労務費)や、
電気代や水道代などの経費もかかります。そうしてできあがった製品は、
製品の倉庫に保管され売られていきます。

ここで、工場にある作りかけの製品は「仕掛品」と呼ばれます。この過
程を、工業簿記では以下の勘定の流れで記録していきます。

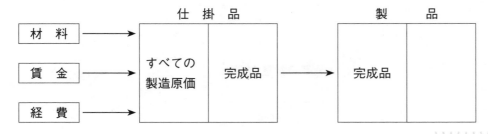

2 材料が製品になり販売されるまで

次に、これまでの説明を仕訳と図を使って表してみましょう。

簡単にするために、職人の賃金や電気代などの経費の説明は省略して、材料が製品になるまでを示します。賃金や経費は、後ほど詳しく説明します。

⑴まず材料を購入

製品の材料にかかる材料費は、材料勘定を用いて処理します。材料を購入すると、**材料勘定（資産の勘定）の借方**に記入します。これは材料という資産が増加するためです。

例1-1

材料 **3,000** 円を掛けで購入した。

（借）材　　　　料　　3,000　　（貸）買　　掛　　金 [01]　　3,000

> 01) 製品の製造にかかるものなので、買掛金勘定を用います。未払金ではありません。

材料

（1)購入原価 3,000円	

（1)購入 →

⑵材料を工場で消費

製品の製造のために材料を使用することを「消費」といいます。ここでは、材料の倉庫から工場に材料を移動させるイメージで考えてください。

このときは材料の倉庫から、材料という資産が減少するので、材料勘定の貸方に材料消費額を記入します。

そして、作りかけの製品を表す**仕掛品勘定（資産の勘定）の借方**に記入します。

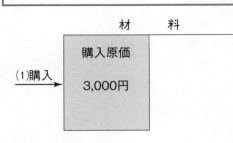

例1-2

上記【例1-1】の材料のうち **2,400** 円を製品の製造のために消費した。

（借）仕　　掛　　品　　2,400　　（貸）材　　　　料　　2,400

この取引を勘定の流れで見ると、次のようになります。

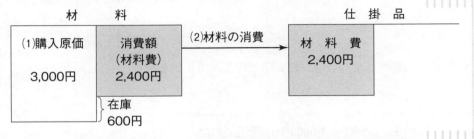

ちなみに、工場で材料を加工するには職人の「賃金」や電気代などの「経費」も発生しています。これらも材料勘定と同様に、賃金勘定、経費勘定を設けてそれぞれ仕掛品勘定へ振り替えていきます。

(3)製品が完成！

製品が完成しました。このときは**仕掛品勘定**から**製品勘定（資産の勘定）**の借方に振り替えます。

> **例1-3**
>
> 製品 **6,400円（原価）**が完成した。なお、労務費は**2,800円**、経費は**1,200円**、それぞれの勘定から仕掛品勘定に振り替えられている。
>
> （借）製　　　　品　　6,400　（貸）仕　掛　品　　6,400

この取引を勘定の流れで見ると、次のようになります。なお、当期に完成した製品の製造原価を当期製品製造原価といいます。

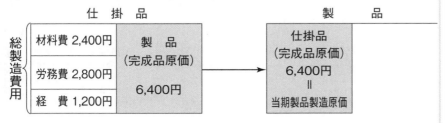

(4)製品の販売・返品

製品を販売したときに行う処理は2面あります。1つは「売上」に関する処理であり、**商業簿記ですでに学んだのと同じ処理**をします。

もう1つは、「売上原価」の計上の処理であり、**販売した製品の減少の仕訳をするとともに売上原価勘定（費用の勘定）の借方に記入します**[02]。

> **例1-4**
>
> 製品の一部（原価 **6,000円**）を **10,000円**で販売し、代金は掛けとした。
>
> （借）売　掛　金　　10,000　（貸）売　　　　上　　10,000
> （借）売　上　原　価　　6,000　（貸）製　　　　品　　　6,000

この取引を勘定の流れで見ると、次のようになります。

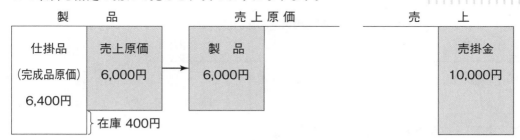

また、販売した製品が返品された場合は、販売時と貸借逆の仕訳を行います。

> **例1-5**
>
> 例1-4で販売した製品のうち、販売価格 **1,000円**分が返品された。
>
> （借）売　　　　上　　1,000　（貸）売　掛　金　　1,000
> （借）製　　　　品　　　600　（貸）売　上　原　価　　600

> 02）この処理法は、売上高とそれに対応する原価を対立させて計上するため、「売上原価対立法」といい、工業簿記ではこの方法が用いられます。

材料が製品になり販売されるまでの流れ

次の取引の仕訳を示しなさい。

(1) 材料 4,000円を掛けで購入した。

(2) 購入した材料のうち、3,000円を工場に移し、製造を開始した。

(3) 製品が完成した。なお、製品の製造原価は 7,000円であった。

(4) 完成した製品のうち 6,000円が、10,000円で販売され、代金は掛けとした。

(1)	(借)材　　　　料	4,000		(貸)買　掛　品	4,000
(2)	(借)仕　掛　品	3,000		(貸)材　　　　料	3,000
(3)	(借)製　　　　品	7,000		(貸)仕　掛　品	7,000
(4)	(借)売　掛　金	10,000		(貸)売　　　　上	10,000
	(借)売　上　原　価	6,000		(貸)製　　　　品	6,000

Section 1 のまとめ

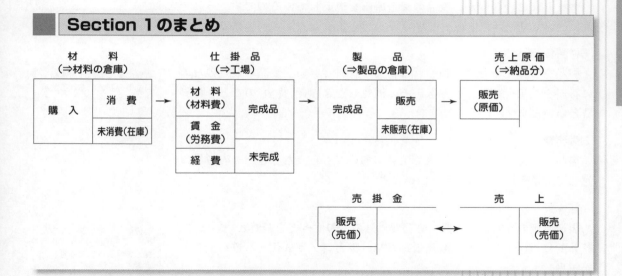

Section 2 製造原価の分類

重要度 ★★★★★

はじめに

自社で家具を製造する工場を持つにあたり、工業簿記について調べているあなたは、「メーカーには製品の製造原価の計算が必要なのだ」ということがわかってきました。

しかし、ひと口に"製造原価"とはいっても、家具を作るために必要な木材の代金が原価であることはわかるのですが、この他にも職人の賃金や工具代等になると、原価に含めてよいのかさえもわかりません。では、これらの扱いについて見ていきましょう。

1 形態別分類とは

製品は「モノ」、「ヒト」、「設備など」から作られます。このことから、製品の製造原価は「材料費」、「労務費」、「経費」の3つに分けることができます[01]。

つまり、この3つが、製品の製造原価を構成しているのです。それぞれについて見ていきましょう。

01)これを形態別分類といいます。

(1)材料費(素材費)

製品を製造するために使われる物品を材料といい、製品の製造のために材料を使用(消費)したとき、その消費した金額(消費額)のことを材料費といいます。

家具の製造における木材や、自動車の製造における鉄板やタイヤをイメージしておきましょう。

(2)労務費

製品を製造するために工場で工員に働いてもらったとき、その労働に対して支払う賃金を労務費といいます。

(3)経　費

製造原価のうち、材料費・労務費以外のものすべてを経費といいます。具体的には、工場設備の減価償却費や、電力料・ガス代・水道料金などが該当します。

経費はその中身が雑多なため、「製造原価のうち材料費・労務費以外の原価」と定義されているのです。

材料費　　労務費　　経費

2 製品との関連による分類とは

材料費、労務費、経費のそれぞれを、「製造している製品（特定の製品）に対してどれだけ使ったのか」を個別に把握できるものと、「製造している製品（特定の製品）に対してどれだけ使ったのか」を個別に把握できないものとに分類します。前者を製造直接費といい、後者を製造間接費といいます。

(1)製造直接費

製品1個あたりに使用した金額（消費額）が明確にわかり、製品1個あたりに対して**直接に計算できる**原価のことです。

例えば机1台あたり天板は1枚、脚は4本、それを組み立てる工賃は**1台につきいくら、と決まっている**のであれば、これらは直接材料費、直接労務費などの製造直接費となります。

(2)製造間接費

製品1個あたりに使用した金額（消費額）が明確ではなく、製品1個あたりに対して**直接には計算できない**原価のことです。

例えば管理者である工場長の給料や、工場の建物の減価償却費は、特定の製品に対してかかっている原価ではないため、「**机1台あたりにいくらかかっていたのか**」はわかりません。したがって、これらは製造間接費となるのです。

3 製造原価の分類のまとめ

これまで、形態別分類と製品との関連による分類の2種類の分類を見てきましたが、これらをあわせると、次のようにまとめることができます。

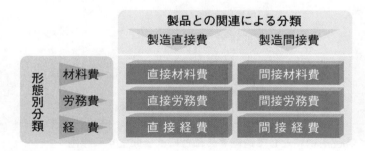

(1)直接材料費と間接材料費

材料費は、直接材料費と間接材料費に分類されます。家具製造業の例では、机を作る場合の天板や脚は製品1個あたりいくらと計算できるため直接材料費となります。また、塗料は製品1個あたりいくらと計算できないため間接材料費となります。まれに直接材料を修繕などのために間接使用（間接材料費となる）することがありますが、間接材料を直接材料として使用することはありません[02]。

02)直接材料 → 直接材料費
　　　　　 → 間接材料費
　間接材料 → 間接材料費

(2)直接労務費と間接労務費

　労務費も材料費と同様に、直接労務費と間接労務費に分類されます。家具製造業の例では、通常製品を作る工員（直接工という）の賃金は、製品1個あたりいくらと計算できるため直接労務費、管理者である工場長や事務員の給料は製品1個あたりいくらと計算できないため間接労務費となります。ただし工員が事務の手伝いをした場合には、その賃金は間接労務費となりますが、事務員は工場で作業する技術はないので、事務員の給料が直接労務費となることはありません[03]。

(3)直接経費と間接経費

　経費も直接経費と間接経費に分類されます。家具製造業の例では、自社内では行えない天板への彫刻などが必要な場合に、外注に出して加工してもらうことがあります。この場合の加工費用は外注加工賃といい、直接経費となります。しかし、他のほとんどの経費は間接経費となります[04]。

```
03) 工　員 ┬→ 直接労務費
          └→ 間接労務費
    事務員 ──→ 間接労務費
```

```
04) 外注加工賃 ──→ 直接経費
    その他経費 ──→ 間接経費
```

Try it 例題

製造原価の分類

次の項目を(1)直接材料費、(2)間接材料費、(3)直接労務費、(4)間接労務費、(5)直接経費、(6)間接経費に分類しなさい。

ア．直接工の事務手伝いにより発生した賃金　　イ．工場の守衛の給料
ウ．外注加工賃　　　　　　　　　　　　　　　エ．工場建物の減価償却費
オ．直接材料の間接使用により発生した材料費　カ．製品となった材料の材料費
キ．工場で発生した水道光熱費
ク．直接工が直接製造にかかわったことにより発生した賃金
ケ．特許権使用料

解答

(1)　直接材料費……カ　　　　　(2)　間接材料費……オ
(3)　直接労務費……ク　　　　　(4)　間接労務費……ア、イ
(5)　直接経費……ウ、ケ　　　　(6)　間接経費……エ、キ

■ Section 2のまとめ

■形態別分類	材　料　費 （素　材　費）	：物品を材料として消費することにより発生する原価
	労　務　費	：労働用役を消費することにより発生する原価
	経　　　費	：上記以外の原価財を消費することにより発生する原価

■製品との関連による分類

製造直接費：製品の製造と原価の発生とが、直接的に結びつけられる原価
└→ 直接材料費、直接労務費、直接経費

製造間接費：複数の製品に対して共通的にかかる原価
└→ 間接材料費、間接労務費、間接経費

※上記の分類は大切なものです。とくにアンダーラインに注意しましょう。

費目別計算

ココがPOINT!!

すべてのモノは3つでできている！

　ありとあらゆる製品は、すべて3つのモノでできています。

　それは、材料費と労務費と経費です。

　まず材料があり、そこに労働によって加工を加え、さらに電気代などの経費がかかります。

　この、それぞれについて詳しく見ていきましょう。

材料費会計

はじめに

全経家具の経営者であるあなたは、製品の製造原価が材料費、労務費、経費に分類されることを知りましたが、それぞれの費用には何が含まれるかを詳しく知りません。単に投入する木材や金具だけが材料だと思っていたのですが、どうやら他のものも含まれるようです。
ここでは材料について見ていきましょう。

1 材料費の分類

材 料 費	(1) 直接材料費	①主 要 材 料 費
		②買 入 部 品 費
	(2) 間接材料費	③補 助 材 料 費
		④工 場 消 耗 品 費
		⑤消 耗 工 具 器 具 備 品 費

材料費は、生産する製品との関連で、**直接材料費**と**間接材料費**に大別されます。

(1)**直接材料費**[01]とは、**製品1単位についていくらかかったかが明らかな物品の原価**のことです。

(2)**間接材料費**とは、**製品1単位についていくらかかったかが不明な物品の原価**のことです。また、**金額的に重要でない物品の原価**も間接材料費となります。

これらの物品の原価は簡便な方法で計算してよいのです。

＜直接材料費＞
①主要材料費
製品の主要部分に用いる物品の原価です。家具の製造を例にとれば、**木材や板**など。素材費や原料費ともいいます。
②買入部品費
他の企業から購入して、そのまま製品に組み込む部品の原価です。**金具や机の天板用のガラス**など。

＜間接材料費＞
③補助材料費[02]
製品を生産するために**補助的に消費される物品の原価**です。例えば**製造機械の燃料、塗料、補修用木材**など。
④工場消耗品費
製品を生産するうえで必要な**消耗品の原価**。**ニス、サンドペーパー**など。
⑤消耗工具器具備品費[03]
耐用年数が**1年未満**または**取得原価が安い**ため、固定資産として扱われない工具器具備品の原価です。例えば、**のこぎり、カンナ、ドライバー**などがこれにあたります。

01) 製品を形作る物品です。金額的にも重要なので、製品単位あたりの消費量を集計し、それに価格を掛けて正確な原価を計算する必要があります。

02) 製品を形作る物品ですが、金額的に重要性がありません。

03) 製品の生産のためには消費されますが、製品そのものを形作るわけではありません。

2 材料の動き

材料に関する一連の動きは次のとおりです。

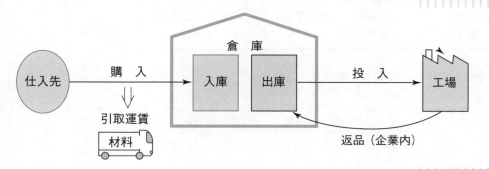

　まず材料を購入し、材料の倉庫への入庫後、製品を作る工場へ出庫します。工業簿記ではこれを材料勘定で処理します。

　それでは順を追って見ていきましょう。

3 材料勘定

　材料勘定では、(1)材料の購入、(2)材料の消費(使用)の2つの取引があります。

(1)材料の購入

　材料を購入したときは、**材料勘定(資産の勘定)の借方**に記入します。これは材料という資産が増加するためです。

例1-1

材料 **3,000** 円を掛けで購入した。

(借) 材　　　料　3,000　(貸) 買　掛　金 [04]　3,000

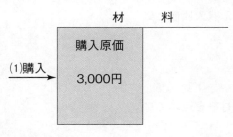

(1)購入 →

材　　　料

購入原価

3,000円

04) 製品の製造にかかるものなので、買掛金勘定を用います。未払金ではありません。

(2)材料の消費

　材料を消費したときには、材料という資産が減少するので、**材料勘定の貸方**に材料消費額 [05] を記入します。

　このとき、どの製品の製造のために使ったのかが明確なもの(**直接材料費**)は**仕掛品勘定の借方**に、またどの製品の製造のために使ったのかが明確でない材料 [06] (**間接材料費**)は**製造間接費勘定** [07] (**費用の勘定**)の借方に集計しておきます。

05) 材料のうち、消費した分を材料費といいます。材料費は通常、勘定科目としては用いない点に注意しましょう。

06) 補助材料や工場消耗品などがあります。

07) 製造間接費勘定は本Chapter Section 4 で詳しく説明します。

例1-2

前記【例1-1】の材料のうち2,400円を製品の製造のために消費した（直接材料費1,600円、間接材料費800円）。

（借）仕 掛 品	1,600	（貸）材 料	2,400
製 造 間 接 費	800		

この取引を勘定の流れで見ると、次のようになります。

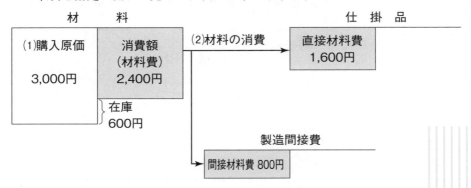

次からは、購入原価や消費額がどのように決まるかを見ていきましょう。

4 材料の購入

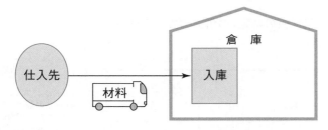

材料を購入したさいには、購入代価に引取運賃を加えた**購入原価**で処理します。

$$\underset{\text{（取得原価）}}{購入原価} = \overset{\text{こうにゅうだいか}}{購入代価} + 引取運賃$$

購入代価は材料そのものの価格、引取運賃は購入した材料を運ぶのにかかった運賃や荷役費などです。

例1-3

1月10日、材料500個を現金で購入した。購入代価は65,000円であった。

（借）材 料	65,000	（貸）現 金	65,000

例1-4

1月20日、材料1,000個を掛けで購入した。購入代価は90,000円であり、他に運賃10,000円を現金で支払った。

（借）材 料	100,000[08]	（貸）買 掛 金	90,000
		現 金	10,000

08) 90,000円 + 10,000円
　 = 100,000円

3-4

5 　材料費の計算

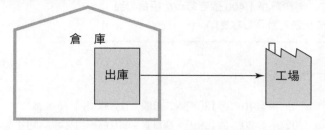

　倉庫から工場へ出庫する場合、出庫する金額や数量を記録しておきます。そして倉庫から工場へ出庫される金額を材料費といいます。

　材料費は、原則として次のように計算します。

$$材料費 = 材料の消費価格^{09)} × 実際消費量^{10)}$$

09) 材料1個あたりの購入に要した原価のことです。
10) 製品生産のために使用した材料の量のことです。

　ここからは、材料費の計算を、前ページの例を用いて**消費価格の計算**と**実際消費量の計算**の2つの面で見ていきましょう。

6 　消費価格の計算

　前ページの【例1-3】で材料を500個、【例1-4】で材料を1,000個購入しています。この時点での材料勘定は、次のようになっています。

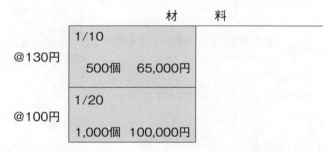

材　　料

1/10	
@130円　500個	65,000円
1/20	
@100円　1,000個	100,000円

　例として1月の消費量が1,400個とした場合の消費価格の求め方を見ていきましょう。

　消費価格の計算方法には、次のものがあります。

(1)**先入先出法**

　先に仕入れたものから先に払い出すと仮定して、消費価格を計算する方法です。

例1-5

【例1-3】、【例1-4】にもとづき、消費量が**1,400**個であった場合の当月の材料消費額（材料費）を先入先出法で計算しなさい。

材 料			
1/10 500個　65,000円 @130円	消費量 　　　1,400個		
1/20 1,000個　100,000円 @100円	月末数量　　100個		

1/10　@130円×500個＝65,000円 ⎫ 材料費
1/20　@100円×900個＝90,000円 ⎬ 155,000円

1/20　@100円[11]×100個＝10,000円

> 11) 結果として月末分が後から仕入れたものの単価で構成されます。

(2) 平均法（総平均法）

前月繰越高と当月の仕入高の合計から月間の平均単価を計算し、それを消費価格とする方法です[12]。

> 12) 月末まで消費価格が決まらないという欠点があります。
> なお、ここでいう平均法は総平均法です。平均法には、単価の異なる材料を受け入れた都度平均を出す移動平均法もあります。

例1-6

【例1-3】、【例1-4】にもとづき、消費量が**1,400**個であった場合の当月消費額を総平均法で計算しなさい。

材 料			
1/10 500個　65,000円 @130円	消費量 　　　1,400個		
1/20 1,000個　100,000円 @100円	月末数量　　100個		

材料費
@110円[13]×1,400個＝154,000円

@110円[13]×100個＝11,000円

> 13) 消費分も月末分も同じ単価で計算されます。

合計　1,500個　165,000円

@110円（平均単価）＝ 165,000 円 ÷ 1,500 個

Try it 例題

材料費の計算

次の資料により、A材料の当月消費額を、(1)先入先出法、(2)平均法により計算しなさい。

〔資　料〕

A材料の月初在庫量は 10kg @100円、当月購入量は 90kg @120円、当月消費量は 80kg、月末棚卸量は 20kg であった。

解答

	当月消費額
(1) 　先入先出法	*9,400* 円
(2) 　平　均　法	*9,440* 円

解説

（1）先入先出法

A材料

月初10kg@100円	消費 80kg
当月 90kg @120円	
	月末　20kg

@100円×10kg＝1,000円 ⎫
@120円×70kg＝8,400円 ⎬ 9,400円

@120円×20kg＝2,400円

（2）平　均　法

A材料

月初10kg@100円	消費 80kg
当月 90kg @120円	
	月末　20kg

@118円×80kg＝9,440円

@118円×20kg＝2,360円

100kg 11,800円
@118円（＝11,800円÷100kg）

---

7 実際消費量の計算

　前ページの【例1-5】や【例1-6】の実際消費量1,400個はどのように計算されたのかを見ていきましょう。

　実際消費量の計算方法には、(1)継続記録法と(2)棚卸計算法の2つがあります。

(1)継続記録法[14]

　継続記録法は、材料の購入時、消費時ともに、その数量を**材料元帳**[15]に記録することによって、実際消費量を計算する方法です。

　【例1-5】や【例1-6】の実際消費量1,400個がこの継続記録法によるものだとすると、材料元帳の払出欄に記録された消費量の合計が1,400個だったということです。

　なお、材料元帳には、各時点の在庫数量[16]も記録されます。よって、月末に実地棚卸[17]を行うことにより、棚卸減耗量[18]を把握することができます。

> 14)原則的な方法です。
>
> 15)材料元帳の形式は、3-9ページの 9 で学習します。3級で学習した商品有高帳と特に変わりはありません。
>
> 16)帳簿上で把握された在庫量ということから、「帳簿棚卸数量」といいます。
>
> 17)実際に在庫量を数えることです。その結果の在庫量を「実地棚卸数量」といいます。
>
> 18)商業簿記で学習する商品の棚卸減耗量と同様です。次の 8 で詳しく見ていきます。

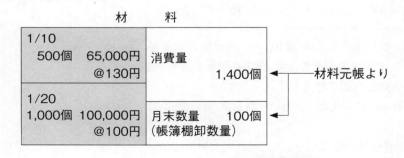

⑵棚卸計算法[19]

棚卸計算法は、納品書などから把握される購入数量と月末の実地棚卸数量との差で消費数量を計算する方法です。

継続記録法では材料元帳より常に消費量がわかりましたが、棚卸計算法では、月末に実地棚卸を行うまで消費量がわかりません[20]。

例えば、実地棚卸数量が、95個だったときは、購入数量1,500個と95個の差、1,405個が当月の消費量となります。

なお、この方法では帳簿棚卸数量がわからないので、棚卸減耗量は把握できません[21]。

19)簡便な方法です。

20)消費量を差で計算するためです。

21)消費数量に含まれてしまいます。

```
               材        料
┌─────────────────────┬─────────────────────┐
│ 1/10                │ 消費量              │
│  500個   65,000円   │          1,405個    │◄──  貸借の差引
│  @130円             │                     │
├─────────────────────┼─────────────────────┤
│ 1/20                │ 月末数量    95 個   │
│ 1,000個 100,000円   │ (実地棚卸数量)      │
│  @100円             │                     │
└─────────────────────┴─────────────────────┘
```

2つの方法を比較すると、次のようになります。

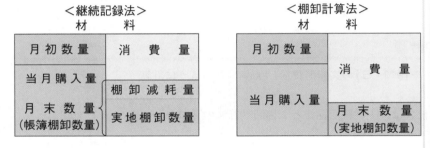

```
    <継続記録法>                <棚卸計算法>
    材      料                  材      料
┌──────────┬──────────┐   ┌──────────┬──────────┐
│ 月初数量 │ 消 費 量 │   │ 月初数量 │          │
├──────────┤          │   ├──────────┤ 消 費 量 │
│ 当月購入量│         │   │          │          │
├──────────┼──────────┤   │ 当月購入量├──────────┤
│ 月末数量 │ 棚卸減耗量│   │          │ 月末数量 │
│(帳簿棚卸数量)│実地棚卸数量│ │          │(実地棚卸数量)│
└──────────┴──────────┘   └──────────┴──────────┘
```

8 棚卸減耗の処理

実地棚卸数量は帳簿棚卸数量と一致するはずですが、紛失、破損、蒸発などにより、帳簿棚卸数量より少ないことがあります[22]。この在庫の減少を**棚卸減耗**といいます。

棚卸減耗は、**正常な量であれば、製造間接費として処理します**[23]。

22)通常、多いことはありません。「材料が夜中にこっそり増殖している」なんてことありませんよね(笑)。

23)正常な量とは、「毎期決まって発生する程度」という意味です。

例1-7

材料の月末帳簿棚卸数量は、100個(@100円、10,000円)、実地棚卸数量は95個であった。

　(借)製 造 間 接 費　　500　　(貸)材　　　　料　　　500

まず、棚卸減耗量を計算します(帳簿棚卸数量100個－実地棚卸数量95個＝棚卸減耗量5個)。次に、その金額を計算して(@100円×5個＝500円)、材料勘定から製造間接費勘定に振り替えます。

上記の処理によって、材料勘定の月末残高は実際の材料有高(実地棚卸高)と一致します。

なお、棚卸減耗の単価は消費価格の計算に用いる方法(先入先出法、平

均法)と同じ方法で計算します。

9 材料元帳の形式

材料元帳の形式は、3級で学習した商品有高帳と特に変わりはありません。

材料の消費価格を先入先出法で計算する場合と平均法(総平均法、移動平均法)で計算する場合のそれぞれの材料元帳を見ていきましょう。

(1)先入先出法

例1-8

【例1-5】にもとづき、材料元帳に記入しなさい。なお、材料1,400個は1月25日に消費し、棚卸減耗は生じていないものとする。

材料元帳　　　　　　　　　　　　　　(単位:円)

日付		摘要	受入			払出			残高			
			数量	単価	金額	数量	単価	金額	数量		単価	金額
1	1	前月繰越	–	–	–				–		–	–
	10	仕入	500	130	65,000				500		130	65,000
	20	仕入	1,000	100	100,000				1,500 {	500	130	
										1,000	100	165,000
	25	出庫				1,400 {	500	130				
							900	100	155,000	100	100	10,000
	31	**次月繰越**				100	100	10,000				
			1,500		165,000	1,500		165,000				
2	1	前月繰越	100	100	10,000				100		100	10,000

20日の残高欄の金額:　10日仕入分　@130円× 500個　＝　　65,000円
　　　　　　　　　　　20日仕入分　@100円×1,000個　＝　100,000円
　　　　　　　　　　　　　　　　　　合　計　　　165,000円

25日の払出欄の金額:　@130円× 500個(10日仕入分のすべて)　　＝　65,000円
　　　　　　　　　　　@100円× 900個(20日仕入分のうちの900個)＝　90,000円
　　　　　　　　　　　　　　　　　　　合　計　　155,000円

(2)平均法（総平均法）

例1-9

【例1-6】にもとづき、材料元帳に記入しなさい。なお、材料1,400個は1月25日に消費し、棚卸減耗は生じていないものとする。

総平均法は、1カ月の受入単価の平均により、月末に消費価格を計算する方法です。

材　料　元　帳　　　　　　　　　　　　　　（単位：円）

日付		摘要	受　入			払　出			残　高		
			数量	単価	金額	数量	単価	金額	数量	単価	金額
1	1	前月繰越	−	−	−				−		−
	10	仕　入	500	130	65,000				500	24)	65,000
	20	仕　入	1,000	100	100,000				1,500	24)	165,000
	25	出　庫				1,400	110	154,000	100	24)	11,000
	31	**次月繰越**				**100**	24)	**11,000**			
			1,500		165,000	1,500		165,000			
2	1	前月繰越	100	24)	11,000				100	24)	11,000

> 24) 通常、ここには単価を記入しません。

25日の払出欄の単価（平均単価）：

$$\frac{0円（前月繰越）+165,000円（当月仕入額合計）=165,000円（受入欄の金額合計）}{1,500個（受入欄の数量合計）}=@110円$$

(3)平均法（移動平均法）

移動平均法は、単価の異なる材料を受け入れた都度、平均単価を計算し、それを次の払出時の消費価格とする方法です。

例1-10

【例1-3】、【例1-4】にもとづき、材料元帳に記入しなさい。なお、消費価格の計算は移動平均法によっている。また、材料300個を1月15日に、材料1,100個を1月25日にそれぞれ消費し、棚卸減耗は生じていないものとする。

材　料　元　帳　　　　　　　　　　　　　　（単位：円）

日付		摘要	受　入			払　出			残　高		
			数量	単価	金額	数量	単価	金額	数量	単価	金額
1	1	前月繰越	−	−	−				−	−	−
	10	仕　入	500	130	65,000				500	130	65,000
	15	出　庫				300	130	39,000	200	130	26,000
	20	仕　入	1,000	100	100,000				1,200	105	126,000
	25	出　庫				1,100	105	115,500	100	105	10,500
	31	**次月繰越**				**100**	**105**	**10,500**			
			1,500		165,000	1,500		165,000			
2	1	前月繰越	100	105	10,500				100	105	10,500

20日の残高欄の単価（25日の払出単価）：

$$\frac{26,000円（15日の残高）+100,000円（20日の仕入額）}{200個（15日の残高欄の数量）+1,000個（20日の仕入数量）}=@105円$$

10 材料の製造工程への投入と返品

(1) 投 入

材料を製造工程に投入し、消費したさいには次のように処理します。

> **例 1-11**
>
> 材料 150,000 円を出庫し、製造工程に投入した。なお、このうち 4,000 円は間接費である。
>
> | (借) 仕　掛　品 | 146,000 | (貸) 材　　　　料 | 150,000 |
> |---|---|---|---|
> | 製 造 間 接 費 | 4,000 | | |

(2) 返 品

いったん投入した材料が倉庫に戻されることがあります。このときの仕訳は投入のさいの仕訳と貸借逆の仕訳となります。

> **例 1-12**
>
> 投入した材料 1,000 円が倉庫に戻された。このうち 200 円は間接費であった。
>
> | (借) 材　　　　料 | 1,000 | (貸) 仕　掛　品 | 800 |
> |---|---|---|---|
> | | | 製 造 間 接 費 | 200 |

Try it 例題

棚卸減耗の処理

次の資料によって、(1)材料の払出し、(2)棚卸減耗の仕訳を示しなさい。

〔資　料〕

　月初数量は 200個(@80円)、当月の仕入数量は 1,000個(@100円)、当月の払出数量は 1,100個(すべて直接材料費)、月末の実地棚卸数量は98個であった。材料費の計算は先入先出法による。材料の減耗量は正常な量である。

解答

(1) **材料払出し** (借) 仕　掛　品	106,000 [25]	(貸) 材　　　　料	106,000
(2) **棚卸減耗** (借) 製造間接費	200 [26]	(貸) 材　　　　料	200

> 25) (@80円×200個)＋
> 　(@100円×900個)
> 　＝106,000円
> 26) @100円×(100個－
> 　98個)＝200円

Section 1のまとめ

■材料費の分類　材料費は、次のように分類できます。

	製品との関連	主 な 分 類
材　料　費	直接材料費	主 要 材 料 費
		買 入 部 品 費
	間接材料費	補 助 材 料 費
		工 場 消 耗 品 費
		消 耗 工 具 器 具 備 品 費

■材 料 の 購 入

$$購入原価 ＝ 購入代価 ＋ 引取運賃$$

例）材料を掛けで購入した。購入代価は900,000円であり、他に運賃100,000円を現金で支払った。

（借）材　　　　料	1,000,000	（貸）買　掛　金	900,000
		現　　　　金	100,000

■消費価格の計算　材料の消費価格の計算方法として、(1)先入先出法、(2)総平均法、(3)移動平均法があります。

(1)**先入先出法**：先に仕入れたものから先に払い出すと仮定して、消費価格を計算する方法
(2)**総 平 均 法**：月間の受入単価の平均を計算し、それを消費価格とする方法
(3)**移動平均法**：単価の異なる材料を受け入れた都度、平均単価を計算し、それを次の払出時の消費価格とする方法

■棚卸減耗の処理　棚卸減耗は、正常な量であれば、製造間接費として処理します。
例）材料の月末帳簿棚卸数量100個（@100円）。実地棚卸数量は95個であった。

（借）製 造 間 接 費	500	（貸）材　　　　料	500

棚卸減耗の単価は消費価格の計算に用いる方法（先入先出法、平均法）と同じ方法で決めます。

■材 料 の 返 品　投入のさいの仕訳と貸借逆の仕訳となります。
例）投入した材料1,000円が倉庫に戻された。このうち200円は間接費であった。

（借）材　　　料	1,000	（貸）仕 掛 品	800
		製 造 間 接 費	200

Section 2 労務費会計

重要度 ★★★★☆

はじめに

「材料費には引取運賃が含まれる」と知ったあなたは、「ボーナスや退職金は労務費に含まれないのだろうか」と気になってきました。どうやら労務費にも含まれる費用があるようです。
それでは、労務費について見ていきましょう。

1 労務費の分類

労 務 費	(1)直接労務費	直 接 工 賃 金 （ 直 接 作 業 分 ）
	(2)間接労務費	直接工賃金（直接作業以外の部分）
		間 接 工 賃 金
		給 料
		従 業 員 賞 与 ・ 手 当
		退 職 給 付 費 用
		法 定 福 利 費

労務費は生産する製品との関連で、**直接労務費**と**間接労務費**に大別され、さらに支払対象や報酬内容よって分類されます。

(1)直接労務費

製品の生産に直接的にかかった労務費のことです。基本的には、**直接工の賃金が直接労務費となります**[01]。

(2)間接労務費

製品の生産に間接的にかかった労務費のことです。**直接労務費以外はすべて間接労務費とされます**。

(3)支払対象や報酬内容による分類

労務費は、誰に対して支払ったものか、またその報酬の内容によって、次のように分類されます。

01) ただし、直接工の賃金がすべて直接労務費となるわけではありません。たとえば、間接作業分の賃金は間接労務費となります。(詳しくは、3-17 ページ)

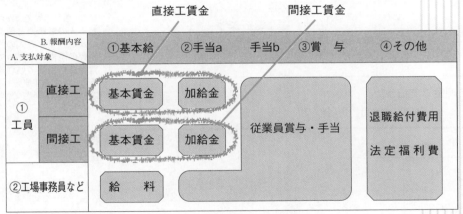

直接工賃金　　　　　　　間接工賃金

A.支払対象 ＼ B.報酬内容	①基本給	②手当a	手当b	③賞 与	④その他
① 工員 — 直接工	基本賃金	加給金		従業員賞与・手当	退職給付費用 / 法定福利費
① 工員 — 間接工	基本賃金	加給金			
②工場事務員など	給 料				

A．支払対象による分類

①工員

　製品の生産に携（たずさ）わる従業員のことです。工員はさらに**直接工**（機械工、組立工など**直接に**製品の**加工作業を行う工員**）と**間接工**（修繕工、運搬工、清掃工など、製品の**加工以外の間接的な作業を行う工員**）とに分類されます。

②工場事務員など

　工場では工員以外にも**事務員**（工場の経理などの事務を担当する従業員）や**守衛**、**工場長**等の管理者などが働いています。これらの人々に対する報酬も労務費に含まれます。

B．報酬内容による分類

①基本給

　主たる労働の対価として支給される報酬のことです[02]。工員に対するものは**基本賃金**、工場事務員などに対するものは**給料**と呼び方が異なります。

②手当

　基本給に加えて支給される報酬のことです。これには、手当ａ：**作業に直接に関係するもの**（加給金）と、手当ｂ：**作業に関係のないもの**（住宅手当など）とがあります。

③賞与

　工員や工場事務員などに対して支給されるボーナスのことです。**従業員賞与**[03]という科目で処理します。

④その他

　従業員を雇用したときに付随的にかかる原価です。**退職給付費用**（たいしょくきゅうふひよう）は退職金支給に備えた引当金の繰入額、**法定福利費**（ほうていふくりひ）は社会保険料の会社負担分です。

02）労働の対価として支給されるものを労務主費といい、退職給付費用や法定福利費など、主費以外のものを労務副費といいます。

03）従業員に対する賞与と作業に関係のない手当をまとめて従業員賞与手当勘定で処理することもあります。

2　労務費

　製品の製造にかかる労務費、つまり工員に対する基本給と加給金は、賃金勘定[04]を用いて処理し、(1)賃金の支払い、(2)賃金の消費の２つの取引があります。

(1)賃金の支払い

　賃金を支払ったときには、**賃金勘定（費用の勘定）**の借方に記入します。これは賃金という費用が増加するためです。

04）販売員など、製造にかかわらない人の労務費は、給料勘定を用いて処理します。
なお、製品の製造にかかわる人の労務費と製造にかかわらない人の労務費の両方をまとめて賃金給料勘定で処理することもあります。

例2-1

賃金 **2,800** 円を現金で支払った。

（借）賃	金	2,800	（貸）現	金	2,800

```
              賃        金
      ┌──────────────────
      │   支払額
(1)支払い│
  ────→│   2,800円
      │
```

(2)賃金の消費

賃金を消費したときには、**賃金勘定の貸方に賃金消費額を記入**します。

このとき、どの製品の製造のために使ったのかが明確なもの（**直接労務費**）は**仕掛品勘定の借方**に、また、製品との関連が明確でない労務費（**間接労務費**）は**製造間接費勘定の借方**に集計しておきます。これは、賃金という費用が製品の製造原価になったことを意味しています。

> 「賃金の消費」では実際に労働してもらっているタイミングをイメージしましょう。
> もらった給料を使うことではないですよ（笑）。

例2-2

上記【例2-1】の賃金を製品製造のため消費した（直接労務費 **2,100** 円、間接労務費 **700** 円）。

（借）仕 掛 品	2,100	（貸）賃 金	2,800
製 造 間 接 費	700		

この取引を勘定の流れで見ると、次のようになります。

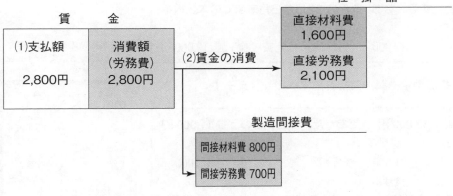

3 賃金の支払い

労務費は、労働の後で賃金を支払う「**後払い**」となります。たとえば毎月20日までの賃金を25日に支払っていたとする[05]と、月末には21日〜月末までの労働に対する賃金が未払いとなっています。したがって、**月末にはその未払額を費用として計上するとともに、負債として未払賃金勘定で繰り越す**ことになります。

05) タイムテーブルは以下のとおり。

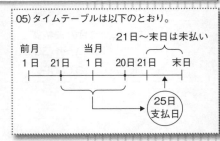

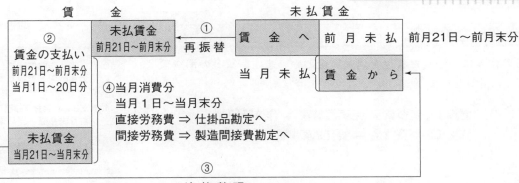

①月初に前月未払分を未払賃金勘定から賃金勘定の貸方へ振り替えます。この時点で未払賃金勘定の残高はいったんゼロになります。

例2-3

月初に未払賃金を賃金勘定に振り替える。なお、4月の21日から4月末までの未払賃金は **10,000** 円であった。

(借)未 払 賃 金 　10,000 　(貸)賃 　　　　金[06] 　10,000

06)賃金勘定は費用の勘定ですが、月初は貸方に記入されるところからはじまります。

②現金等で賃金を支払います。

例2-4

5月25日に賃金 **40,000** 円を現金で支払った。

(借)賃 　　　　金 　40,000 　(貸)現 　　　　金 　40,000[07]

07)支払った現金 40,000 円のうち 10,000 円は前月の未払分です。

③月末になり、当月末の未払賃金の額を計算し、費用計上します。

例2-5

月末に未払賃金を計上する。なお、5月の21日から月末までの未払賃金は **12,000** 円であった。

(借)賃 　　　　金[08] 　12,000 　(貸)未 払 賃 金 　12,000

08)未払いであっても賃金(費用)としては発生しています。

④当月消費分を仕掛品勘定や製造間接費勘定へ振り替えます。

例2-6

5月の賃金の消費額は **42,000** 円[09] であった。なお、このうち **11,000** 円は間接労務費であった。

(借)仕 　　掛 　　品 　31,000 　(貸)賃 　　　　金 　42,000
　　製 造 間 接 費 　11,000

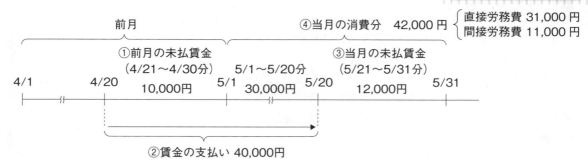

4 消費賃金の計算

当月の作業にかかった賃金を**消費賃金**といいます。賃金の消費額は、次のように計算します。

(1)　**直接工の消費賃金 ＝ 実際賃率 × 作業時間**[10]
(2)　**間接工の消費賃金 ＝ 要支払額**[11]

10)直接工は作業内容ごとに労働時間を把握します。
11)要支払額＝当月支給額ー前月未払額＋当月未払額 つまり、賃金の消費額です。

⑴直接工の消費賃金

賃率と作業時間の掛け算で計算します。これは、直接工の賃金を**直接労務費分**と**間接労務費分**に分けるためです[12]。

まず、作業時間については、工具からの報告にもとづいて、次のように分類・集計します。

12)さらに製品別の直接労務費などを計算するためでもあります。

勤務時間（拘束時間）			
就業時間[13]			休憩時間
実働時間		手待時間	
直接作業時間		間接作業時間	
加工時間	段取時間		
直接労務費		間接労務費	

13)賃金は就業時間に対して支払われます。
アルバイトをしたときに、休憩時間分は時給がつかないのと同じです。

①就業時間

賃金の支払対象となる時間のことです。

②手待時間

前の工程での作業が滞っていたり、停電、機械の故障などにより作業ができずに待機している時間のことです。

③直接作業時間

直接工の本来の仕事である製品の生産に従事している時間のことです。実際に加工をしている**加工時間**と作業の準備をしている**段取時間**からなります。

④間接作業時間

修繕、運搬、清掃などの**間接作業**を行っている時間のことです。

上記のうち、手待時間と間接作業時間に対応する分は間接労務費、直接作業時間に対応する分は直接労務費とします。

⑵間接工の消費賃金

間接工の賃金はすべて間接労務費とするので、総額がわかれば充分です。そこで**当月の要支払額をもって消費額**とします。

【例2-3】から【例2-6】をまとめると、次のようになります。直接労務費は仕掛品勘定、間接労務費は製造間接費勘定に振り替えることを確認しましょう。

賃　　　金			
現　　　　金	40,000	未 払 賃 金	10,000
未 払 賃 金	12,000	仕　掛　品	31,000
		製 造 間 接 費	11,000
	52,000		52,000

仕　　掛　　品	
賃　　金 31,000	

製 造 間 接 費	
賃　　金 11,000	

Try it 例題 消費賃金の会計処理

賃金の消費に関する仕訳を示しなさい。

〔取 引〕

　当月の作業を終えたところ、直接工の就業時間は 1,500 時間（内訳；直接作業時間 1,200 時間、間接作業時間 230 時間、手待時間 70 時間）であった。なお、当月の賃金要支払額は 1,000,000 円（直接工 900,000 円、間接工 100,000 円）である。

| （借）仕　掛　品 | 720,000 [14] | （貸）賃　　　金 | 1,000,000 |
| 　　　製 造 間 接 費 | 280,000 [15] | | |

14) 900,000 円 ÷ 1,500 時間 ＝ @ 600 円
　　@ 600 円 × 1,200 時間 ＝ 720,000 円
15) @ 600 円 × （230 時間 ＋ 70 時間）＋ 100,000 円 ＝ 280,000 円

Section 2のまとめ

■労務費の分類　労務費は、次のように分類できます。

	製品との関連	主 な 分 類
労　務　費	直 接 労 務 費	直接工直接作業賃金
	間 接 労 務 費	直接工間接作業賃金
		間 接 工 賃 金
		給　　　　　料
		従業員賞与・手当
		退 職 給 付 費 用
		法 定 福 利 費

■消費賃金の計算

> 直接工の消費賃金 ＝ 実際賃率 × 作業時間
> 間接工の消費賃金 ＝ 要支払額

⑴直接工の消費賃金

　賃率×作業時間の掛け算で計算します。

⑵間接工の消費賃金

　当月の要支払額をもって消費額とします。

＜作業時間の分類＞

勤務時間（拘束時間）				
就業時間				休憩時間
実働時間			手待時間	
直接作業時間		間接作業時間		
加工時間	段取時間			
←　直接労務費　→		←　間接労務費　→		

Section 3　経費会計

重要度 ★★★★★

はじめに

さすがに経費は"払ったものだけが経費だろう"とタカを括っていたのですが、どうやら経費もそれだけではなく、測定して計算するものや月割りにして計算するものなど、いろいろとあるようです。
ここでは経費について見ていきましょう。

1　経費の分類

経費	(1)直接経費	①外注加工賃		
		②特許権使用料		
	(2)間接経費	③減価償却費、④修繕費、⑤賃借料		
		⑥ガス代、⑦水道料、⑧電力料		
		⑨租税公課、⑩保険料、⑪旅費・交通費		
		⑫通信費、⑬福利施設負担額、⑭厚生費		
		⑮保管料、⑯棚卸減耗費、⑰雑費		

　経費には機械や建物に係る原価、他人から提供を受けた有料のサービスの原価などが含まれます。これらは、どの製品のためにかかったかがわかるかどうかによって、**直接経費**と**間接経費**とに分けられます。

(1)直接経費

　特定の製品の**製造にのみ**要する経費です。

(2)間接経費

　工場で生産する製品全体について**間接的・共通的**に要する経費です。

＜直接経費＞

①**外注加工賃**●製品生産に関する仕事(材料の加工や製品の組立てなど)の一部を外部の会社に委託したとき、その対価として支払う原価。

②**特許権使用料**[01]●外部の会社が特許をもつ技術を利用して製品を生産するとき、その対価として支払う原価。

＜間接経費＞

③**減価償却費**●工場の建物や機械などの減価償却費。

④**修繕費**●工場の建物や機械などの修繕費。

⑤**賃借料**●工場の建物や機械などの賃借料。

⑥**ガス代**[02]

⑦**水道料**[02]

⑧**電力料**[02]

⑨**租税公課**●工場の固定資産税など。

01)精密機器やコンピュータ、医薬品など、技術が勝負となる製品では多数の特許を利用します。

02)ガス代、水道料、電力料を総称して水道光熱費とすることもあります。

⑩保　　険　　料●工場の建物や機械の損害保険料など。

⑪旅費・交通費●工員または工場勤務者の出張時の旅費など。

⑫通　　信　　費●電話代や郵便代など。

⑬福利施設負担額(ふくりしせつふたんがく03)●社宅や独身寮、保養所など、従業員の福利厚生のための施設に要する原価。

⑭厚(こう)　　生(せい)　　費(ひ04)●社員旅行や健康診断など、従業員の福利厚生のために要する原価。

⑮保　　管　　料●材料や製品を保管する倉庫代など。

⑯棚卸減耗費●減耗した材料や製品の原価。

⑰雑　　　　　　費●上記以外の経費。

03)従業員の働く意欲を重視する日本企業では相当に多額の福利施設負担額を拠出しています。

04)福利厚生費とすることもあります。

2 間接経費の分類

経費は、**当月の実際発生額**が製品原価となります。

直接経費は、相手方からの請求にもとづいて計上します。請求は月ごとに締め切られることが多いので、当月発生額は当月分の請求書を見ればわかります。

これに対して、間接経費は発生額の把握方法がさまざまです。実際発生額の把握方法からみると、間接経費は次の4つに分類できます。

(1)支払経費[05]

当月の支払額または**請求額**をもって当月の発生額とします。

(2)月割(つきわり)経費[06]

月割計算によって当月の発生額を求めます。

(3)測定経費[07]

メーターで当月の消費量を測定し、料金表と照らし合わせて当月の発生額を計算します。

(4)発生経費[08]

当月に生じた分の原価を当月の発生額とします。

05)【例】旅費、交通費、通信費、事務用消耗品費、保管料など。
未払いや前払いがある場合には調整して消費額を当期の原価とします。

06)【例】減価償却費(年間の減価償却費を計算し、それを12カ月で割って1カ月分を求める)、賃借料や保険料など。

07)【例】ガス代、水道料、電力料など。

08)【例】棚卸減耗費(月末に材料や製品の実地棚卸(たなおろし)をして、棚卸減耗があったら、材料元帳あるいは製品元帳上の単価を用いて減耗分の原価を計算する)など。

3 経費勘定

材料費、労務費以外の製造原価を示す経費にも、(1)経費の支払い、(2)経費の消費の2つの取引があります。

(1)経費の支払い

経費を支払ったときには、**経費勘定(費用の勘定)の借方**に記入します。これは経費という費用が増加するためです。

例3-1

経費1,200円を現金で支払った。

（借）経　　　　費　　1,200　　（貸）現　　　　金　　1,200

(2)経費の消費

　経費を消費したときには、**経費勘定の貸方に経費消費額を記入**します。

　外注加工賃などの**直接経費は仕掛品勘定の借方に、他の間接経費は製造間接費勘定(費用の勘定)の借方に集計**しておきます。

例3-2

前記【例3-1】の経費を製品製造のため消費した。このうち 200 円が直接経費である。

（借）仕　掛　品　　　 200　　（貸）経　　　　　費　　 1,200
　　　製 造 間 接 費　 1,000

　この取引を勘定の流れで見ると、次のようになります。

```
              経　　費                                仕　掛　品
  ┌────────┬────────┐                     ┌──────────────────────┐
  │(1)発生額 │ 消費額  │                     │ 直接材料費 1,600円      │
  │         │        │ (2)経費の消費         ├──────────────────────┤
  │ 1,200円 │ 1,200円 │─────────────────▶  │ 直接労務費 2,100円      │
  │         │        │                     ├──────────────────────┤
  └────────┴────────┘                     │ 直接経費　 200円       │
                                           └──────────────────────┘

                          製造間接費
                  ┌──────────────────────┐
                  │ 間接材料費　800円       │
                  ├──────────────────────┤
                  │ 間接労務費　700円       │
                  ├──────────────────────┤
                  │ 間接経費 1,000円        │
                  └──────────────────────┘
```

4　経費勘定を用いない場合

　多くの企業では、外注加工賃などの**直接経費がなく**、間接経費についても「支払＝消費」として処理しています。

　この場合、経費勘定を設定する意味が乏しいことから、**経費を消費したときに、製造間接費勘定の借方に記入します**[09]。

例3-3

水道光熱費 1,000 円が発生し、現金で支払った。

（借）製 造 間 接 費　 1,000　　（貸）現　　　　　金　　 1,000

---

09)借方と貸方に同じ金額が記入されて、とおり抜けるだけの勘定を"トンネル勘定"といい、処理上、不効率なので極力避けるようにしています。

~~（経　　費）1,000~~ （現　　金）1,000
（製造間接費）1,000 ~~（経　　費）1,000~~

Try it 例題

経費の発生・消費の処理

経費の発生・消費の仕訳を示しなさい。なお、当工場では経費勘定を設けていない。

(1) 当月のB製品にかかわる特許権使用料は50,000円であった。請求書を受け取り、小切手を振り出して支払った。

(2) 当年度の機械等修繕費は720,000円と予想されるので、この12分の1を当月分経費として修繕引当金に計上する。

(3) 電力料の固定料金は40,000円、従量料金は2円/kWhである。なお、当月の電力消費量は15,000kWhであった。

解答

(1)	(借)仕　掛　品	50,000	(貸)当　座　預　金	50,000
(2)	(借)製　造　間　接　費	60,000[10]	(貸)修　繕　引　当　金	60,000
(3)	(借)製　造　間　接　費	70,000[11]	(貸)未　払　電　力　料	70,000

10) $720,000 \text{円} \times \dfrac{1 \text{カ月}}{12 \text{カ月}} = 60,000 \text{円}$

11) $40,000 \text{円} + 2 \text{円}/\text{kWh} \times 15,000\text{kWh}$
$= 70,000 \text{円}$

Section 3のまとめ

経費会計

■経費の分類　経費は、次のように分類できます。

経費	製品との関連	主な分類
	直接経費	外注加工賃
	間接経費	減価償却費
		保険料
		電力料
		棚卸減耗費
		その他

└─ 材料費・労務費以外のもの

■間接経費の分類　支払経費：毎月の支払額をもって、その月の消費額とします。ただし、未払分または前払分があるときは、支払額に加減します。

測定経費：毎月メーターで消費量を測定し、料率を掛けることによって消費額を計算します。

月割経費：1年分または数カ月分として、まとめて計上されるものを月割計算して消費額を求めます。

発生経費：原価計算期間に発生した原価を消費額とします。

Section 4

重要度 ★★★★☆

製造間接費会計 ~2種類以上の製品を作っている場合~

はじめに

これまで材料費や労務費、経費を見てきたあなたは、製品に直接要する費用は仕掛品勘定に、製品全体に間接的に要する費用は製造間接費勘定に集計することを知りました。

ところで、仕掛品勘定は製品となる費用ですが、間接的な費用も製品を作るためには必要な費用です。

そこであなたは、この製造間接費についても調べることにしました。

ここでは、製造間接費について見ていきましょう。

1 製造間接費の配賦

これまでの処理により、**直接費は仕掛品勘定に、間接費は製造間接費勘定に集計**してきました。

しかし、製品は直接材料などの直接費だけでできるものではなく、水道光熱費などの間接費も、「製品を製造するためにかかった原価」であることに変わりがありません。

そこで**製造間接費勘定の借方に集計された間接費を貸方に記入し、仕掛品勘定の借方に振り替える**必要があり、この手続きをとくに製造間接費の配賦といいます。

> 仕掛品勘定は製品勘定へ振り替える唯一の勘定です。こうしておかないと、間接費が製品原価を構成しなくなってしまいます。

例4-1

製造間接費 2,500 円を仕掛品に配賦した。

（借）仕　掛　品　　2,500　　（貸）製 造 間 接 費　　　2,500

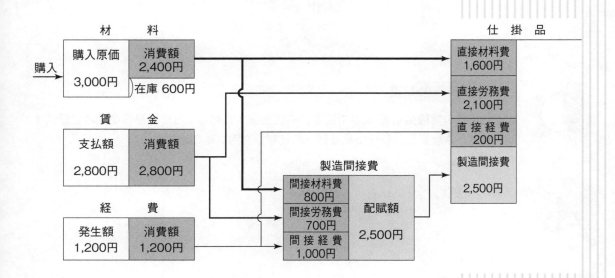

2 製造間接費の配賦の意味

　ここまで学習してくると、「どうしてわざわざ間接費を製造間接費勘定に集めるのだろう？」「どうせ仕掛品に振り替えるなら最初から仕掛品勘定に集めてしまえばよいのに」という疑問を持たれたのではないでしょうか。

　確かに工場の中で一種類の製品しか製造していないのであれば、わざわざ製造間接費勘定を用いる意味は乏しいでしょう。

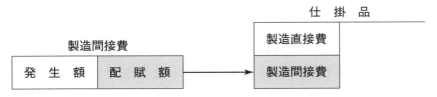

　しかし、1つの工場の中で**2つの製品を製造している場合**はどうでしょう。

　2つの製品を製造しているのであれば、製造ラインも2つあり、**仕掛品勘定も製品ごとに設けられます**。製造直接費は、各製品の製造原価として各仕掛品勘定に集計されますが、製造間接費は直接には集計できません。そこで、**いったん製造間接費勘定に集めて、その後何らかの基準にもとづいて各仕掛品勘定に割り振る**（配賦する）のです。

　この手続きが製造間接費の配賦です。

> 1つのものを2つ以上のところに割り振ることを「配賦」といいます。
> ちなみに、1つのものを1つのところに移すことは「賦課」または「直課」といい、「配賦」と使い分けます。

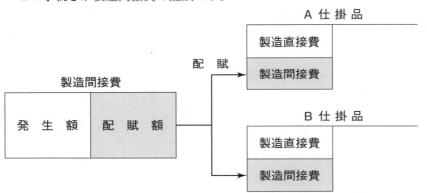

製造間接費の配賦

製造間接費の実際発生額 3,000円を、A仕掛品1に対してB仕掛品2の割合で配賦する。なお、A仕掛品、B仕掛品という勘定科目を用いること。

（借）A 仕 掛 品	1,000	（貸）製 造 間 接 費	3,000
B 仕 掛 品	2,000		

Section 4のまとめ

　製造間接費は、何らかの基準にもとづいて各製品の原価となるように配賦します。

Section 5 工業簿記の勘定連絡

重要度 ★★★★★

はじめに

Section 4までで、材料費、労務費、経費、製造間接費など、さまざまなものを見てきました。

最後に、それぞれの勘定の流れをもう一度整理して見ていきましょう。

1 材 料

(1)材料の購入

材料を購入したときは、**材料勘定（資産の勘定）**の借方に記入します。これは材料という資産が増加するためです。

例5-1

材料3,000円を掛けで購入した。

（借）材　　　料　3,000　（貸）買　掛　金　3,000

(2)材料の消費

例5-2

上記【例5-1】の材料のうち2,400円を製品の製造のために消費した（直接材料費1,600円、間接材料費800円）。

（借）仕　掛　品　1,600　（貸）材　　　料　2,400
　　　製造間接費　　800

この取引を勘定の流れで見ると、次のようになります。

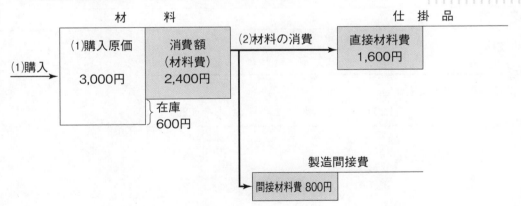

2 労務費

(1)賃金の支払い

例5-3

賃金 2,800 円を現金で支払った。

|（借）賃|金|2,800|（貸）現|金|2,800|

(2)賃金の消費

例5-4

上記【例5-3】の賃金を製品製造のため消費した（直接労務費 2,100 円、間接労務費 700 円）。

|（借）仕　掛　品|2,100|（貸）賃|金|2,800|
|　　　製 造 間 接 費|700|||

この取引を勘定の流れで見ると、次のようになります。

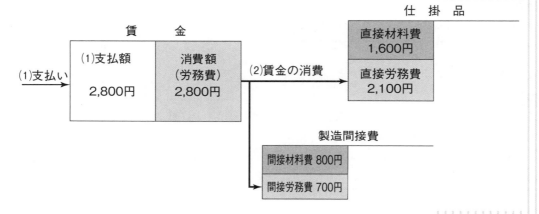

3 経費

(1)経費の支払い

例5-5

経費 1,200 円を現金で支払った。

|（借）経|費|1,200|（貸）現|金|1,200|

⑵経費の消費

例 5-6

前記【例5-5】の経費を製品製造のため消費した。このうち 200 円が直接経費である。

（借）仕　掛　品	200	（貸）経　　　　費	1,200
製造間接費	1,000		

この取引を勘定の流れで見ると、次のようになります。

4　経費勘定を用いない場合

例 5-7

水道光熱費 1,000 円が発生し、現金で支払った。

（借）製 造 間 接 費	1,000	（貸）現　　　　金	1,000

5　製造間接費から仕掛品へ

例 5-8

製造間接費 2,500 円を仕掛品に配賦した。

（借）仕　掛　品	2,500	（貸）製 造 間 接 費	2,500

この取引を勘定の流れで見ると、次のようになります。

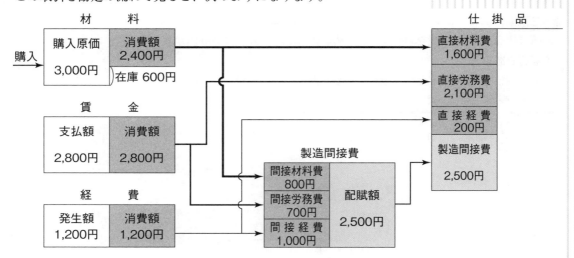

6 製品の完成

例5-9
製品 **6,400** 円（原価）が完成した。

（借）製　　　　品　6,400　（貸）仕　掛　品　6,400

この取引を勘定の流れで見ると、次のようになります。

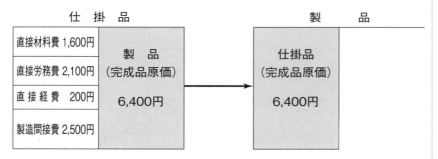

7 製品の販売・返品

例5-10
製品の一部（原価 **6,000** 円）を **10,000** 円で販売し、代金は掛けとした。

（借）売　掛　金　10,000　（貸）売　　　　上　10,000
（借）売 上 原 価　6,000　（貸）製　　　　品　6,000

この取引を勘定の流れで見ると、次のようになります。

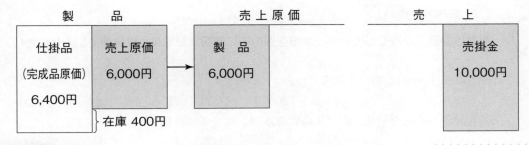

例5-11

【例5-10】で販売した製品のうち販売価格 **1,000** 円分が返品された。

(借)売 上 1,000 (貸)売 掛 金 1,000
(借)製 品 600 (貸)売 上 原 価 600

この取引を勘定の流れで見ると、次のようになります。

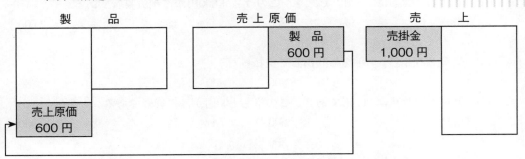

Try it 例題

工業簿記の流れ

当社は製品Tを製造している。次の空欄の中に適切な語句または数値を記入しなさい。

(1) 材料 1,200 円を掛けで購入した。

(借)〔　　　　　　　〕　1,200　（貸）買　掛　金　1,200

(2) 材料 900 円を消費した（直接費 500 円、間接費 400 円）。

(借)〔　　　　　　　〕（　　　）（貸）材　　　料　900
　　　〔　　　　　　　〕（　　　）

(3) 賃金 2,500 円を支払った（現金 2,200 円、預り金 300 円）。賃金勘定を用いるものとする。

(借)〔　　　　　　　〕　2,500　（貸）現　　　　金（　　　）
　　　　　　　　　　　　　　　　　　　〔　　　　　　　〕（　　　）

(4) 賃金の消費額は 2,500 円であり、このうち 1,800 円が直接労務費である。

(借)仕　掛　品　1,800　（貸）賃　　　　金　2,500
　　　〔　　　　　　　〕（　　　）

(5) 経費 800 円を小切手を振り出して支払った。

(借)〔　　　　　　　〕　800　（貸）〔　　　　　　　〕　800

(6) 経費の消費額は 800 円であり、このうち 500 円が直接経費である。

(借)〔　　　　　　　〕　500　（貸）経　　　　費　800
　　　〔　　　　　　　〕　300

(7) 製造間接費 1,400 円を配賦する。

(借)〔　　　　　　　〕　1,400　（貸）〔　　　　　　　〕　1,400

(8) 製品T 3,000 円が完成した。

(借)〔　　　　　　　〕　3,000　（貸）〔　　　　　　　〕　3,000

(9) 製品T（原価 3,000 円、売価 5,500 円）を掛けで販売した。

(借)売　掛　金（　　　）（貸）売　　　　上（　　　）
(借)〔　　　　　　　〕　3,000　（貸）〔　　　　　　　〕　3,000

解答
A

(1)	(借)	〔材　　　　料〕	1,200	(貸)	買　　掛　　金	1,200			
(2)	(借)	〔仕　掛　品〕	(500)	(貸)	材　　　　料	900			
		〔製 造 間 接 費〕	(400)						
(3)	(借)	〔賃　　　　金〕	2,500	(貸)	現　　　　金	(2,200)			
					〔預　　り　　金〕	(300)			
(4)	(借)	仕　　掛　　品	1,800	(貸)	賃　　　　金	2,500			
		〔製 造 間 接 費〕	(700)						
(5)	(借)	〔経　　　　費〕	800	(貸)	〔当 座 預 金〕	800			
(6)	(借)	〔仕　掛　品〕	500	(貸)	経　　　　費	800			
		〔製 造 間 接 費〕	300						
(7)	(借)	〔仕　掛　品〕	1,400	(貸)	〔製 造 間 接 費〕	1,400			
(8)	(借)	〔製　　　　品〕	3,000	(貸)	〔仕　掛　品〕	3,000			
(9)	(借)	売　　掛　　金	(5,500)	(貸)	売　　　　上	(5,500)			
	(借)	〔売 上 原 価〕	3,000	(貸)	〔製　　　　品〕	3,000			

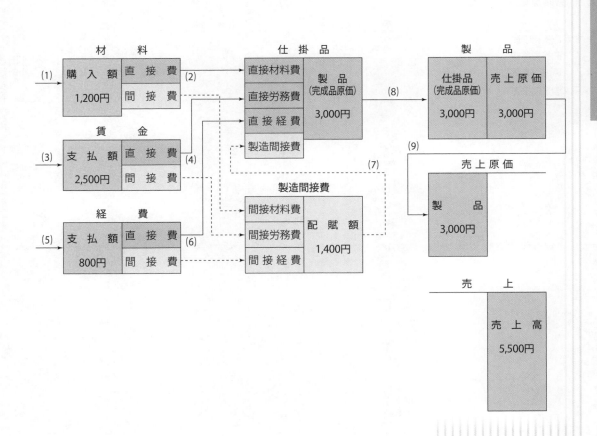

Section 5のまとめ

※以下の勘定連絡を頭に入れておきましょう。

■製造原価の流れ

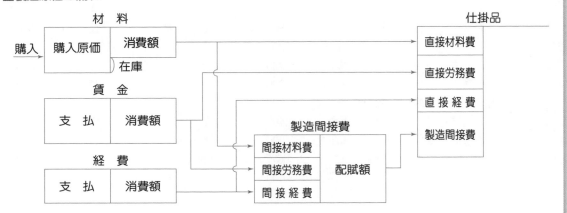

■製品の完成・販売

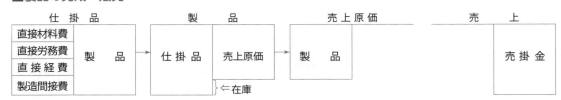

総合原価計算
＜単品・市場向け生産＞

ココがPOINT!!

総合原価計算のイメージ

　総合原価計算は缶ジュースの生産のように、お客様から注文を受ける前に標準規格製品を大量に作って販売する(つまり、ひとつひとつの製品にはまったく差がない)大量生産経営で用いられる原価計算の方法です。

　例えばみなさんが、缶ジュースを作っている工場を経営しているとしましょう。

　今月、缶ジュースを1,000本生産し、このとき、原料代10,000円、缶代20,000円、加工費30,000円かかったとしましょう。

　そうしたら、当然に１本あたりの原価は、次のように計算しますね。

　(10,000円＋20,000円＋30,000円)÷1,000本＝60円／本

　つまり１カ月間にかかった原価を集計し、同じ１カ月間でできた製品の個数で割って、完成品の単価(１個あたりの原価)を計算します。

　これが、大量生産のときに用いる総合原価計算です。

　「総合原価計算は、かかった原価を作った個数で配分する」、こんなイメージをしておきましょう。

　では、はじめていきましょう。

Section 1 重要度 ★★★★★ 総合原価計算の方法

はじめに

全経家具のボックス家具は、日々大量に生産されています。
このとき原価計算の方法としては総合原価計算が行われます。まず、材料である木材を投入して加工を施し完成する、この製造工程をどのようにして原価計算に反映させればよいのでしょうか？

1 大量生産形態

大量生産という生産形態は、20世紀はじめにアメリカで本格的に始まりました[01]。

まったく同一の製品を大量に作ることにより、材料をまとめて安く仕入れることができ、同じ作業を繰り返すだけでよいので習熟しやすく、作業の効率化も図られるようになりました。その結果、原価を大きく引き下げることに成功したのです。それまで高嶺の花と呼ばれた自動車の価格も低く設定でき、大衆に受け入れられやすい製品が作られるようになりました。

大量生産では、同じ製品を生産するので、その中の製品ひとつひとつに対して個別に原価を計算するのは、手間がかかり非効率的です[02]。そこで、**一定期間（月ごと）の原価を集計し、その期間中に生産した製品の数で割って１個あたりの製造原価を計算します。これを総合原価計算といいます。**

> 01）米国の自動車メーカー、フォード社がはじめたといわれています。作られるのは１車種のみで、色も黒だけだったそうです。

> 02）例えば、市販のポテトチップスの１袋ごとに原価を計算していたのでは非効率です。

標準規格の完成品５個　　　　　　１個あたりの製造原価
1,000円

１カ月の製造原価の合計 5,000円　→　　　　　　　　　→　5,000円÷５個

2 始点・終点・仕上り程度

製品の製造ライン（製造工程）において、最初に材料を投入して**加工を始める点**を、その工程の始点といい、最終的に**加工が終わって完成品となる点**を終点といいます。

なお、工程上における**加工の進み具合**を仕上り程度といいます。

> 完成品を100％としたときに、加工が30％完了している状態を「仕上り程度30％」、60％完了している状態を「仕上り程度60％」と表現します。
> あなたの学習仕上り程度は、今何％くらいですか？

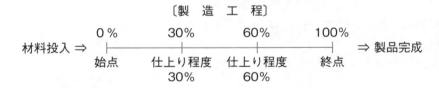

〔製 造 工 程〕

材料投入 ⇒ 0％ ── 30％ ── 60％ ── 100％ ⇒ 製品完成
始点　　　仕上り程度　仕上り程度　終点
　　　　　30％　　　　60％

③ 計算方法

総合原価計算では、製造原価を次のように(1)材料費[03]と(2)加工費[04]とに分類して計算します。

> 03)製品の材料にかかった原価です。
> 04)製品の加工にかかった原価です。

〔製造原価〕

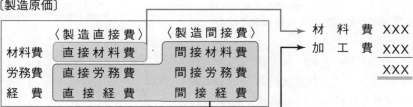

	〈製造直接費〉	〈製造間接費〉
材料費	直接材料費	間接材料費
労務費	直接労務費	間接労務費
経費	直接経費	間接経費

→ 材 料 費 XXX
→ 加 工 費 XXX
　　　　　　XXX

> 加工費は「始点で投入」などということはできません。"1秒で1時間分働け"といわれても不可能ですから。

(1)材料費：直接材料費を指します。通常、**製造工程の始点で投入**されます。
(2)加工費：直接材料費以外の製造原価を指します。直接労務費などの加工費は、**仕上り程度に応じて順次投入**されます[05]。

> 05)加工費の投入によって仕上り程度が増すと考えられます。

④ 投入量がそのまま完成した場合の計算方法

当月に投入した原価(材料費・加工費)が、そのまま完成した場合の完成品単位原価[06]を次の設例を使って計算してみましょう。

> 06)完成品1個あたりの製造原価のことです。

例 1-1

次の資料から、A製品の当月完成品単位あたり製造原価を計算しなさい。
1．A製品の今月の生産データ
　　　当月投入[07] 2,400個 うち完成品 2,400個(投入分すべて完成)
2．A製品の今月の製造原価データ
　　　材　料　費　　816,000円
　　　加　工　費　　417,600円
　　　計　　　　　1,233,600円　　完成品単位製造原価 @ 514円

> 07)当月着手ともいいます。

この例では、当月に作りはじめた製品のすべてが、当月中に完成してしまいました。

```
        加 工 費
     材 料 費
仕上り   0%              100%
程度
     当月投入           完成品
     2,400個           2,400個
```

したがって、当月発生した製造原価を完成品の数量で割ることによって完成品単位原価が計算できます。

$$完成品単位原価 = \frac{製\ 造\ 原\ 価}{完\ 成\ 品\ 量} = \frac{1,233,600円}{2,400個} = @514円$$

これを仕掛品勘定の動きで見ると、次のようになります。

> 08)材料費は始点で投入されたものの金額を示しています。
> 09)加工費は加工を通じて徐々に投入され、その結果、当月に投入された金額を示しています。
> 10)816,000円÷2,400個 ＝@340円
> 11)417,600円÷2,400個 ＝@174円

投入(インプット)	仕 掛 品		産出(アウトプット)
材料費 816,000円[08]	投 入	完 成	材料費 816,000円 @340円[10]
加工費 417,600円[09]	2,400個	2,400個	加工費 417,600円 @174円[11]

5 月末仕掛品（未完成品）がある場合の計算方法

作りはじめた製品がすべて当月中に完成するとは限りません。月末に仕掛品[12]が残ったときは、どのように計算したらよいでしょうか。

（注釈）12) 製造途中の製品のことです。簡単にいうと、月末の「作りかけ」です。

例1-2

次の資料から、A製品の当月完成品製造単価を計算しなさい。

1．A製品の今月の生産データ

A製品　当月投入　2,400個　┃ 完　成　品　　2,000個
　　　　　　　　　　　　　┃ 月末仕掛品　　　 400個

（注）A製品の生産に必要な材料は工程の始点ですべて投入している。また、月末仕掛品の加工は80％まで終わっている[13]。

2．A製品の今月の製造原価データ

材　料　費	816,000円
加　工　費	417,600円
計	1,233,600円

当月完成品製造単価 @ *520* 円

---

13) 仕上り程度80％を意味しています。

このときは、当月製造原価を**完成品分**と**月末仕掛品分**とに分ける必要があります。この配分計算[14]は生産量を基準としますが、次のように計算してはいけません。

14) 振り分ける計算のことをいいます。

〈誤った考え方〉

投入（インプット）
当月投入　　2,400個
材料費 816,000円 @340円
加工費 417,600円 @174円

2,000個 →

産出（アウトプット）
完　成　品　2,000個
材料費 680,000円 @340円
加工費 348,000円 @174円
完成品1個の原価　@514円

400個 →
月末仕掛品　　 400個
材料費 136,000円 @340円
加工費　69,600円 @174円
月末仕掛品1個の原価　@514円

この計算では、完成品1個の原価と月末仕掛品1個の原価が同じになってしまっています。完成品と作りかけの月末仕掛品とでかかった原価が同じというのはおかしいですね。仕掛品は途中までしか加工していないのですから、完成品よりも原価が小さいはずです。

上記の計算は、加工費について完成品の量（2,000個）と月末仕掛品の量（400個）とを同じに扱った点に誤りがあります。そこで、加工費の仕掛品量については「**完成品量でいうと何個分に相当するか**」（完成品換算量）に直して、**配分計算**を行います。

> **月末仕掛品の完成品換算量 ＝ 仕掛品量 × 仕上り程度**

(1)材料費の仕上り程度

材料費の仕上り程度は、材料投入作業の進み具合で決まります。

一般的に材料は、工程の始点ですべて投入されるので、始点の段階で仕上り品の材料費の仕上り程度は100%となり、それ以降も常に100%となります。

したがって、月末仕掛の400個にも400個分の材料費が投入されています。

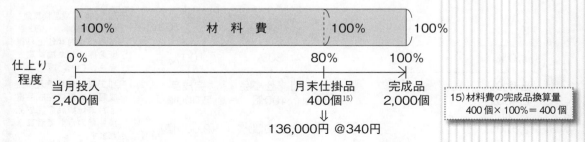

| | | 15) 材料費の完成品換算量
400個 × 100% = 400個 |

これを仕掛品勘定の動きでみると、次のようになります。

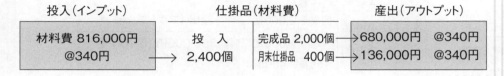

投入（インプット）　　　　仕掛品（材料費）　　　　産出（アウトプット）

| 材料費 816,000円
@340円 | 投　入
2,400個 | 完成品 2,000個 → 680,000円　@340円
月末仕掛品　400個 → 136,000円　@340円 |

コラム　合格に必須の電卓の使い方

ここでは「定数計算」という電卓の機能を紹介しておきましょう。

まず、電卓に〔10〕と入れてください。

次に、×（掛ける）を2回押してみてください。

2回目で液晶面に「K」マークが表示される電卓（主にカシオ製）の場合は、2回押してKマークを付けてください。そうでない方（主にシャープ製やキヤノン製）は×（掛ける）は1回で大丈夫です。

そして、〔3〕と入れて＝を押してください。当然に〔30〕となりますよね。

〔10〕×〔3〕＝と計算したのですから、当たり前ですね。

では次に、そのまま何もせずに、〔5〕と入れて＝を押してみてください。〔50〕となるでしょ。

また、次に〔9〕と入れて、＝を押しましょう。やっぱり〔90〕と表示されますね。

つまり、電卓が「10掛ける」を覚えているのです。

その上に「3＝」としたので〔30〕、「5＝」としたので〔50〕と答えていたのです。

この機能は絶対に使いこなせるようにしておきましょう。解くスピードが格段に早くなります。

⑵加工費の仕上り程度

加工費の仕上り程度は、加工作業の進み具合で決まります。

完成品を作るのにかかる時間に対して、仕掛品は**何時間まで作業が進んだのか**を調べ、その完成品に対する割合を仕上り程度とします。加工費は「数量×仕上り程度」の割合（加工費の完成品換算量）で配分計算します。

例えばA製品1個を完成させるのに10時間かかるところ、月末仕掛品は8時間まで加工したのであれば加工費の仕上り程度は80％となります。

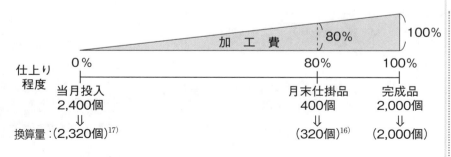

これを仕掛品勘定の動きでみると、次のようになります。

16)加工費の完成品換算量
400個×80％＝(320個)
なお( )内は仕上り程度を加味した換算量を意味しています。

17)加工費の当月投入の完成品換算量は完成品量と月末仕掛品の完成品換算量の合計で計算されます。
(2,000個)＋(320個)
＝(2,320個)

仕掛品（加工費）

投入（インプット）

加工費 417,600円

④ (@180円)

投　入 2,400個

③　(2,320個)

完成品 2,000個
⇩
① (2,000個)

月末仕掛品 400個
⇩
② (320個)

産出（アウトプット）

⑤ 360,000円（@180円）

⑥　57,600円（@144円）⑦

① 完成品は1個あたり100％、つまり1個分の加工費が投入されて完成しています。

　したがって、完成品換算量もそのままの(2,000個)になります。

② 月末仕掛品は1個あたり80％、つまり0.8個分の加工費が投入されています。

　したがって、月末仕掛品400個で(320個)分の加工がなされていることを示しています。

③ 当月投入は、材料費は2,400個分投入しているものの、それに対する**加工費は(2,320個)分**[18]しか投入していません。

④ 当月発生した加工費は417,600円であったため、**当月投入の完成品換算量**(2,320個)**で割る**ことにより、当月の1個あたりの加工費(180円)[19]が求まります。

⑤ 完成品は1個あたり(180円)の加工費が投入されています。したがって、(2,000個)で**360,000円**となります。

⑥ 月末仕掛品は、合計で(320個)分の加工費が投入されています。したがって、**57,600円**[20]となります。

⑦ 月末仕掛品に投入された加工費は(320個)分で57,600円ですが、**実際の個数は400個**あるので、加工費の単価は(144円)[21]となります。

18)(2,000個)＋(320個)
＝(2,320個)

19)417,600円÷(2,320個)
＝(@180円)

20)(@180円)×(320個)
＝57,600円

21)57,600円÷400個
＝@144円

(3)材料費と加工費をまとめた計算

次のように仕掛品勘定をつくることにより、一挙に完成品や月末仕掛品の原価を計算することができます。（　　　）内は加工費を示しています。

仕 掛 品

816,000円 ÷ 2,400個
@340円

完成　2,000個 × @340円 ＝ 680,000円 ┐ 1,040,000円
　　　（2,000個）×（@180円）＝（360,000円）┘ ÷2,000個＝@520円

(417,600円)÷(2,320個)
(@180円)

月末　400個 × @340円 ＝ 136,000円 ┐ 193,600円
　　　（ 320個）×（@180円）＝（ 57,600円）┘ ÷400個＝@484円

この計算は、次のような表を用いて行うこともできます[22]。

> 22) これを総合原価計算表といいます。

摘　要	材料費		加工費		合　計
	数　量	金　額	換算量	金　額	金　額
当月投入	2,400	816,000	③ 2,320	417,600	1,233,600	→ 仕掛品勘定借方
月末仕掛品	400	136,000	② 320	⑥ 57,600	193,600	→ 仕掛品勘定残高
完 成 品	2,000	680,000	① 2,000	⑤ 360,000	1,040,000	→ 製品勘定へ
単　価	—	@ 340	—	@ 180	@ 520

以上の計算結果より、それぞれの単価を求めると次のようになります。

	材料費	加工費	合　計
完 成 品	@340 円 （100%)	@180 円 （100%)	@520 円
月末仕掛品	@340 円 （100%)	@144 円 （80%)	@484 円

完成品に対する仕掛品単価の比率が、材料費は100％、加工費は80％となりました。すなわち、仕上り程度と単価の比率が一致しているので、計算が正しいことを確かめることができます。

> @ 180 円× 80％＝@ 144 円と検算することができます。ただし、時間に余裕があればの話ですが…。

6 帳簿への記入

ここまでの計算結果を勘定に記入すると、次のようになります[23]。

> 23) 仕掛品勘定の借方は「投入」の面を表し、貸方は「産出」の面を表しています。

例1-3

例1-2の資料にもとづき、仕掛品勘定と製品勘定に記入しなさい。

仕 掛 品

材料（材料費）	816,000	製　　品	1,040,000
諸口（加工費）	417,600	次月繰越	193,600
	1,233,600		1,233,600

製 品

仕 掛 品　1,040,000

完成品原価は製品勘定へ振り替え、月末仕掛品原価は仕掛品勘定で次月に繰り越します。

Try it 例題 　　**総合原価計算の方法**

下記の資料にもとづいて総合原価計算表を完成させなさい。なお、材料はすべて始点で投入している。

〔資　料〕

1. 当月の生産データ　（　）内は仕上り程度を示す[24]。

X製品　当月投入 1,200 個　　完　成　品 1,000 個

月末仕掛品　200 個（60%）

2. 当月の製造原価データ

材　料　費	204,000 円
加　工　費	201,600 円
計	405,600 円

24) 仕上り程度は、パーセント（50%）、小数（0.5）、分数（1/2）などで表します。

総合原価計算表　　　　　　　　　　　（単位：個、円）

摘　要	材　料　費		加　工　費		合　計
	数　量	金　額	換算量	金　額	金　額
当 月 投 入					
月末仕掛品					
完　成　品					
単　価	―	@	―	@	@

総合原価計算表　　　　　　　　　　　（単位：個、円）

摘　要	材　料　費		加　工　費		合　計
	数　量	金　額	換算量	金　額	金　額
当 月 投 入	*1,200*	*204,000*	*1,120*	*201,600*	*405,600*
月末仕掛品	*200*	*34,000*	*120* [25]	*21,600*	*55,600*
完　成　品	*1,000*	*170,000*	*1,000*	*180,000*	*350,000*
単　価	―	@ *170*	―	@ *180*	@ *350*

25) 200 個 × 60% = 120 個

▶ 総合原価計算の問題の解き方 ◀

　上記〔Try it 例題〕の総合原価計算の問題の解き方をライブ調講義でお届けしましょう。

　ポイントは生産データ（数量に関するデータ）と原価データ（金額に関するデータ）をうまく対応させる図を作ることにあります。

　まず、資料1の生産データを、仕掛品勘定（製造ライン）の動きを示すTフォームにまとめます。このとき完成品換算量を同時に計算し、必ず（　　）に書いておきます。この（　　）書きは加工費を計算するさいに用いる数字たちです。（　　）が付いているものがカッコー（加工）費と覚えておきましょう（発案：もりりん）。

仕　掛　品

			完成品	1,000個	
				(1,000個)	
当　月	1,200個				
(1,120個)		月　末	200個		
				(120個)	

　完成品がなぜ完成したのかというと、完成品は1個について1個分の加工費が投入されたから完成したのです。だから完成品1,000個の下には完成品換算量(1,000個)と書いておきます。これに対して月末仕掛品は、仕上り程度が60％となっていますので、200個に対して60％分の120個分の加工費しか投入されていません。だから月末200個の下には(120個)と書いておきます。

　ということは、当月投入した加工費は1,120個分ということになります。材料は1,200個分投入したのですが、加工費は1,120個分しか投入しなかった。だから200個が仕上り程度60％のところに留まったという状況なのです。借方側の当月の下に(1,120個)と書いておきます。

　これで生産データの処理はおしまいです。

　次に、これにあわせて資料2の原価データを書き込みます。

　さあ、いよいよここからが電卓の出番です。

　材料費の計算からいきましょう。いっしょに電卓を叩いていきましょう。

　材料費の当月投入の単価から求めていきます。

　※〔　〕は電卓の表示画面を表します。

　〔204,000〕÷〔1,200〕=①〔170〕

　材料の当月投入の単価が170／個だったことがわかりました。これを金額と数量の間に書き込んでおきましょう。金額と個数の関係を表すものです。

　そして、この電卓に170が残っている間に、電卓上で次の計算をして完成品と月末に含まれる材料費の額を計算してしまいます。

　　×〔1,000〕=②〔170,000〕　〔200〕=③〔34,000〕

　※ここで、電卓の定数計算の機能を使っています。詳しくは4-5ページをご覧ください。

仕　掛　品

204,000	① 170	当　月	1,200個	完成品	1,000個	② 170,000
(201,600)	④(180)		(1,120個)		(1,000個)	⑤ 180,000 ／ 350,000
				月　末	200個	③ 34,000
					(120個)	⑥ 21,600 ／ 55,600

　次に電卓のクリアボタンを押して、加工費の計算に移ります。でもやることは同じです。

　加工費の当月投入の単価を求めます。

　　〔201,600〕÷〔1,120〕=④〔180〕

　加工費の当月投入の単価、つまり当月に1個の製品を完成させるために必要だった原価が180／個だったことがわかりました。

　また、この電卓に180が残っている間に、電卓上で次の計算をして完成品と月末に含まれる加工費の額を計算してしまいます。

　　×〔1,000〕=⑤〔180,000〕　〔120〕=⑥〔21,600〕

　これで、あとはそれぞれ合計してしまえばおしまいです。

　完成品〔170,000〕+〔180,000〕=〔350,000〕

　月　末〔34,000〕+〔21,600〕=〔55,600〕

Section 1のまとめ

大量生産形態	同一の製品を大量に作る生産形態です。
始　　　点	最初に材料を投入して加工を始める点です。
終　　　点	加工が終わって完成品となる点です。
仕 上 り 程 度	製造工程上における加工の進み具合です。
材　料　費	直接材料費を指します。
加　工　費	直接材料費以外の製造原価を指します。
完成品単位原価	完成品1個あたりの製造原価のことです。
仕　掛　品	製造途中の製品のことです。
完成品換算量	完成品量でいうと何個分に相当するかということです。

月末仕掛品の完成品換算量 ＝ 仕掛品量 × 仕上り程度

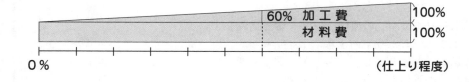

60%　加工費　100%

材　料　費　100%

0%　　　　　　　　　　　　　　　（仕上り程度）

Section 2　単純総合原価計算 ～1種類の製品の生産～

重要度 ★★★★★

全経家具では工場を開設して1カ月が経ちました。

最初の1カ月は、当月の製造費用を完成品と月末仕掛品に分けるだけでよかったのですが、2カ月目には、月初仕掛品（1カ月目の月末仕掛品）が残っています。

このような場合に、どのようにして原価計算を行えばよいのでしょうか。

1　原価配分の意義

前月末に仕掛品が残っていた場合、つまり当月に月初仕掛品があるときは、**月初仕掛品原価と当月投入原価**[01]**の合計を、完成品と月末仕掛品とに配分する**ことになります。

> 01) 当月製造原価のことで、当月製造費用ともいいます。

投入（インプット）

| 月初仕掛品 |
| 当 月 投 入 |

→

産出（アウトプット）

| 完 成 品 |
| 月末仕掛品 |

2　原価配分の方法

月初仕掛品があるときの**完成品と月末仕掛品に原価を配分する方法**には、**平均法（総平均法）、先入先出法の2つがあります**[02]。

平均法と先入先出法の違いについて、それぞれ計算し、結果を比べてみることにしましょう。

> 02) 材料費の計算と同じです。実際のモノの流れというよりは、計算方法として捉えてください。

3　平均法（総平均法）

(1) **平均法**（AM；Average Method）は、**月初仕掛品と当月投入分の合計から平均的に製品が完成する**という仮定にもとづいて、月末仕掛品と完成品の原価を計算する方法です。

> 古いもの（月初仕掛品）と新しいもの（当月投入）が混ざりあって完成していくイメージです。

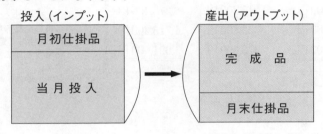

仕 掛 品

| 月初仕掛品原価 | → 完 成 品 原 価 |
| 当月投入原価 | → 月末仕掛品原価 |

$$\frac{月初仕掛品原価 ＋ 当月投入原価}{月初仕掛品（換算）数量 ＋ 当月投入（換算）数量} ＝ 平均単価^{[03]}$$

$$平均単価 × 完成品数量 ＝ 完成品原価^{[04]}$$

$$平均単価 × 月末仕掛品数量 ＝ 月末仕掛品原価^{[04]}$$

> 03) 月初仕掛品原価と当月投入原価の合計を完成品数量と月末仕掛品数量の合計で割り、平均単価を算定することもできます。
>
> 04) 平均単価にもとづいて完成品原価、月末仕掛品原価を算定します。

例2-1

次の資料から、平均法によって原価配分を行い、完成品総合原価と月末仕掛品原価、および完成品単位原価を求めなさい。

1. 生産データ[05]

A製品	月初仕掛品	400個（80％）
	当月投入	2,200個
	計	2,600個
	月末仕掛品	600個（40％）
	完 成 品	2,000個

（注）材料はすべて始点で投入している。また（　）内の数値は仕上り程度を示す。

2. 製造原価データ[06]

	材料費	加工費	計
月初仕掛品原価	163,200円	115,200円	278,400円
当月製造費用[07]	954,800円	758,400円	1,713,200円
計	1,118,000円	873,600円	1,991,600円

05) 個数に関するデータをいいます。

06) 金額に関するデータをいいます。

07) 当月の製品の製造のために発生した費用です。材料費と加工費があります。

(2) 【例2-1】にもとづいて計算手順を見ていきましょう。

仕 掛 品

163,200円
(115,200円)

月初	400個	完成	2,000個	×@430円 ＝④ 860,000円
	a.(320個)		c.(2,000個)	×(@390円)＝⑧(780,000円)

1,640,000円÷2,000個＝@820円

954,800円
(758,400円)

当月	2,200個	月末	600個	×@430円 ＝③ 258,000円
	d.(1,920個)		b. (240個)	×(@390円)＝⑦(93,600円)

① 1,118,000円 ② @430円　2,600個

⑤(873,600円) ⑥(@390円)　(2,240個)

351,600円÷ 600個＝@586円

a. 月初仕掛品の完成品換算量を求めます。
　400個×80％＝(320個)
b. 月末仕掛品の完成品換算量を求めます。
　600個×40％＝(240個)

c. 完成品の換算量は完成数量と同じです。
d. 差引により、当月投入の完成品換算量を求めます。
　(2,000個)＋(240個)－(320個)＝(1,920個)

〈材料費の算定〉

① 材料費の月初仕掛品と当月投入の合計額を求めます。
　163,200円＋954,800円＝1,118,000円

② 月初仕掛品と当月投入の合計数量（2,600個）で材料費の合計額を割り、平均単価を求めます。
　1,118,000円÷2,600個＝@430円

③ 平均単価に月末仕掛品の数量を掛け、月末仕掛品に含まれる材料費の額を求めます。
　@430円×600個＝258,000円

④ 平均単価に完成品の数量を掛け、完成品に含まれる材料費の額を求めます。
　@430円×2,000個＝860,000円

〈加工費の算定〉

⑤ 加工費の月初仕掛品と当月投入の合計額を求めます。

(115,200円) + (758,400円) = (873,600円)

⑥ 月初仕掛品と当月投入の完成品換算量の合計(2,240個)を求め、加工費の合計額を割り、平均単価を求めます。

(873,600円) ÷ (2,240個) = (@390円)

⑦ 平均単価に月末仕掛品の完成品換算量を掛け、月末仕掛品に含まれる加工費の額を求めます。

(@390円) × (240個) = (93,600円)

⑧ 平均単価に完成品の数量を掛け、完成品に含まれる加工費の額を求めます。

(@390円) × (2,000個) = (780,000円)

(3) 総合原価計算表を作成すると、次のようになります。

総 合 原 価 計 算 表　　　　　　(単位:個、円)

摘　要	材料費		加工費		合　計
	数　量	金　額	換算量	金　額	金　額
月初仕掛品	400	163,200	320	115,200	278,400
+)当月投入	2,200	954,800	1,920	758,400	1,713,200
計	2,600	1,118,000	2,240	873,600	1,991,600
−)月末仕掛品	600	258,000	240	93,600	351,600
完　成　品	2,000	860,000	2,000	780,000	1,640,000
単　価	—	@430	—	@390	@820

原価配分の方法～平均法～

下記の資料にもとづいて、平均法によって(1)完成品総合原価、(2)月末仕掛品原価、(3)完成品単位原価を求めなさい。

〔資　料〕

1. 当月の生産データ

X製品　月初仕掛品　　200個(80%)

　　　　当月投入　　1,100個

　　　　合　計　　　1,300個

　　　　月末仕掛品　　300個(40%)

　　　　完　成　品　1,000個

※材料はすべて始点で投入している。( )内の数値は仕上り程度を示す。

2. 当月の製造原価データ

	材料費	加工費	計
月初仕掛品原価	48,200円	29,440円	77,640円
当月製造費用	250,800円	183,360円	434,160円
計	299,000円	212,800円	511,800円

(1)完成品総合原価	(2)月末仕掛品原価	(3)完成品単位原価
円	円	@　　　円

(1)完成品総合原価	(2)月末仕掛品原価	(3)完成品単位原価
420,000 円	*91,800* 円	@　*420*　円

解説

1．生産データの整理

問題文より仕掛品の各数量を整理し、完成品換算量を求めます。

仕　掛　品

月初仕掛品 200個 a．(160個)	完　成　品 1,000個 c．(1,000個)
当　月　投　入 1,100個 d．(960個)	月末仕掛品 300個 b．(120個)

a．月初仕掛品の完成品換算量 200個×80％＝160個
b．月末仕掛品の完成品換算量 300個×40％＝120個
c．完成品の換算量は完成数量と同じです。
d．貸借差引より求めます。
　　(1,000個)＋(120個)－(160個)＝(960個)

2．製品原価の計算

仕　掛　品

48,200円 (29,440円)	月初仕掛品 200個 (160個)	完　成　品 1,000個 (1,000個)
250,800円 (183,360円)	当　月　投　入 1,100個 (960個)	月末仕掛品 300個 (120個)

④　1,000個 × @230円 ＝ 230,000円
⑧ (1,000個)×(@190円)＝(190,000円)
　　　　　　　　　　　 420,000円(@420円)

③　　300個 × @230円 ＝ 69,000円
⑦ (120個)×(@190円)＝(22,800円)
　　　　　　　　　　　　91,800円

① 299,000円 ← ② @230円 → 1,300個
⑤ (212,800円) ← ⑥ (@190円) → (1,120個)

〈材料費の算定〉

①　材料費の月初仕掛品と当月投入の合計額を求めます。
　　　48,200円＋250,800円＝299,000円

②　月初仕掛品と当月投入の合計数量で①を割って材料費平均単価を算定します。
　　　299,000円÷1,300個＝@230円

③　月末仕掛品に含まれる材料費の金額を算定します。
　　　@230円×300個＝69,000円

④　完成品に含まれる材料費の金額を算定します。
　　　@230円×1,000個＝230,000円

〈加工費の算定〉

⑤ 加工費の月初仕掛品と当月投入の合計額を求めます。

（29,440円）＋（183,360円）＝（212,800円）

⑥ 月初仕掛品と当月投入の合計数量で⑤を割って加工費平均単価を算定します。

（212,800円）÷（1,120個）＝（@190円）

⑦ 月末仕掛品に含まれる加工費の金額を算定します。

（@190円）×（120個）＝（22,800円）

⑧ 完成品に含まれる加工費の金額を算定します。

（@190円）×（1,000個）＝（190,000円）

以上より、完成品総合原価（④＋⑧）＝ 420,000円

完成品単位原価（④＋⑧）÷ 1,000個 ＝ @420円

月末仕掛品原価（③＋⑦）＝ 91,800円

4 先入先出法

(1) 先入先出法（FIFO：First-In First-Out method）は、先に投入したもの（月初仕掛品）から先に完成する、という仮定にもとづいて月末仕掛品と完成品の原価を計算する方法です。

「先に入ったものが先に出る」ということは、「後に入ったもの（当月投入分）が残る」ということを意味していますので、当月投入分から月末仕掛品を計算することになります。

食品などの賞味期限のあるものは古いものから先に使います。そんなイメージです。

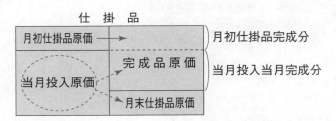

なお、先入先出法による完成品は、月初仕掛品が当月に完成した分と、当月に作業開始し、完成した分とに分かれます。

$$\frac{当月投入原価}{当月投入量} = 当月投入単価 ^{(08)}$$

当月投入単価 × 月末仕掛品数量 ＝ 月末仕掛品原価 [09]

月初仕掛品原価 ＋ 当月投入原価 － 月末仕掛品原価 ＝ 完成品原価 [10]

08) 当月投入原価を当月投入量で割り、当月投入分の単価を算定します。

09) 当月投入単価に月末仕掛品数量を掛けて月末仕掛品原価を算定します。

10) 完成品原価は貸借差引で算定します。

例2-2

次の資料から、先入先出法によって原価配分を行い、完成品総合原価と
月末仕掛品原価、および完成品単位原価を求めなさい。

1．生産データ

A製品	月初仕掛品	400個（80％）
	当月投入	2,200個
	計	2,600個
	月末仕掛品	600個（40％）
	完成品	2,000個

(注)材料はすべて始点で投入している。また（　）内の数値は
仕上り程度を示す。

2．製造原価データ

	材料費	加工費	計
月初仕掛品原価	163,200円	115,200円	278,400円
当月製造費用	954,800円	758,400円	1,713,200円
計	1,118,000円	873,600円	1,991,600円

(2)　【例2-2】にもとづいて計算手順を見ていきましょう。

③　163,200円 ＋ 954,800円 － 260,400円 ＝ 857,600円
⑥　(115,200円)＋(758,400円)－(94,800円)＝(778,800円)
　　　　　　　　　　　　　　　　　　　1,636,400円÷2,000個
　　　　　　　　　　　　　　　　　　　＝@818.2円

× @434円 ＝② 260,400円
×(@395円)＝⑤(94,800円)
355,200円÷600個＝@592円

〈材料費の算定〉

①　当月投入分材料費の単価を算定します。

954,800円 ÷ 2,200個 ＝@434円

②　月末仕掛品に含まれる材料費の金額を①から算定します。

@434円 × 600個 ＝ 260,400円

③　完成品に含まれる材料費の金額を算定します。これは貸借差引で
求めます。

163,200円 ＋ 954,800円 － 260,400円 ＝ 857,600円

〈加工費の算定〉

④　当月投入分加工費の単価を算定します。

(758,400円) ÷ (1,920個) ＝ (@395円)

⑤　月末仕掛品に含まれる加工費の金額を④から算定します。

(@395円) × (240個) ＝ (94,800円)

⑥　完成品に含まれる加工費の金額を算定します。これも完成品材料
費の計算と同様、貸借差額で計算します。

(115,200円) ＋ (758,400円) － (94,800円) ＝ (778,800円)

(3) 総合原価計算表を作成すると、次のようになります。

摘　要	材料費		加工費		合　計
	数　量	金　額	換算量	金　額	金　額
月初仕掛品	400	163,200	320	115,200	278,400
+）当月投入	2,200	954,800	1,920	758,400	1,713,200
計	2,600	1,118,000	2,240	873,600	1,991,600
−）月末仕掛品	600	260,400	240	94,800	355,200
完　成　品	2,000	857,600	2,000	778,800	1,636,400
単　価	—	@ 428.8	—	@ 389.4	@ 818.2

総 合 原 価 計 算 表　　　　（単位：個、円）

Try it 例題

原価配分の方法～先入先出法～

下記の資料にもとづいて、先入先出法によって(1)完成品総合原価、(2)月末仕掛品原価、(3)完成品単位原価を求めなさい。

〔資　料〕

1．当月の生産データ

X製品	月初仕掛品	200 個（80％）
	当 月 投 入	1,100 個
	合　計	1,300 個
	月末仕掛品	300 個（40％）
	完 成 品	1,000 個

※材料はすべて始点で投入している。（　）内の数値は仕上り程度を示す。

2．当月の製造原価データ

	材料費	加工費	計
月初仕掛品原価	48,200円	29,440円	77,640円
当 月 製 造 費 用	250,800円	183,360円	434,160円
計	299,000円	212,800円	511,800円

(1)完成品総合原価	(2)月末仕掛品原価	(3)完成品単位原価
円	円	@　　　円

(1)完成品総合原価	(2)月末仕掛品原価	(3)完成品単位原価
420,480 円	*91,320* 円	@ *420.48* 円

1．生産データの整理

問題文より仕掛品の各数量を整理し、完成品換算量を求めます。

2．製品原価の計算

仕　掛　品

月初仕掛品		完　成　品	
200個		1,000個	
(160個)		(1,000個)	
当月投入		月末仕掛品	
1,100個		300個	
(960個)		(120個)	

48,200円
(29,440円)

① @228円 →
250,800円
(183,360円)
④(@191円) →

③ 48,200円 + 250,800円 − 68,400円 = 230,600円
⑥ (29,440円)+(183,360円)−(22,920円)= 189,880円
　　　　　　　　　　　　　　　　　420,480円(@420.48円)

② 300個 × @228円 = 68,400円
⑤ (120個)×(@191円) = (22,920円)
　　　　　　　　　　　91,320円

〈材料費の算定〉

① 当月投入の材料費の単価を算定します。

250,800円 ÷ 1,100個 = @228円

② 月末仕掛品に含まれる材料費の金額を算定します。

@228円 × 300個 = 68,400円

③ 貸借の差額で完成品に含まれる材料費の金額を算定します。

48,200円 + 250,800円 − 68,400円 = 230,600円

〈加工費の算定〉

④ 当月投入の加工費の単価を算定します。

(183,360円) ÷ (960個) = (@191円)

⑤ 月末仕掛品に含まれる加工費の金額を算定します。

(@191円) × (120個) = (22,920円)

⑥ 貸借の差額で完成品に含まれる加工費の金額を算定します。

(29,440円) + (183,360円) − (22,920円) = (189,880円)

以上より、完成品総合原価(③＋⑥) = 420,480円
　　　　　完成品単位原価(③＋⑥) ÷ 1,000個 = @420.48円
　　　　　月末仕掛品原価(②＋⑤) = 91,320円

Section 2のまとめ

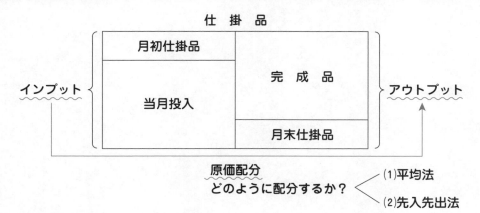

原価配分
どのように配分するか？ ⟨ ⑴平均法
⑵先入先出法

⑴平均法（AM：Average Method）
→ 月初仕掛品と当月投入分の合計から平均的に製品が完成するという仮定

⑵先入先出法（FIFO：First-In First-Out method）
→ 先に投入したもの（月初仕掛品）から先に完成するという仮定

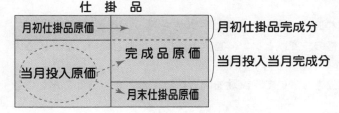

コラム 試験に出るところ

　試験まで残すところあとわずか、という状況でこの本をお使いの方も多いことと思います。

　そんな皆さんのために、このコラムでは「試験に出るところ」についてお話しましょう。話は、私（桑原）の大学時代まで遡ります。

　大学（龍谷大学）の同輩で、税務会計学研究会という簿記の勉強をするサークル（私も所属していた）の幹事長をやっていた、通称「とっつぁん」という人物がいました（今もいます）。

　彼は三重県の出身で、高校時代はサッカーのゴールキーパー、身長は185センチ、色は浅黒くがっちりした体格の、風貌といい、言動といい、行動といい、いかにも大物という人物でした（今でもそうですが）。

　お互いに税理士試験の勉強をしていて、試験を間近に控えたとき、彼はこんなことを言い出しました。

　「試験には俺の勉強したとこからしか出えへんし」

　日々、試験には何が出るのだろうかと思い煩っていた私は、思わず耳を疑いました。そして「何という傲慢なことをいうのだろう」と思いました。

　しかし、よくよく話を聞いてみると、彼の考えはこうでした。

　「どうせ、試験に何が出ても自分が勉強したところしか答えられない」、それなら「あれが出たらどうしよう、これが出たらどうしよう」などと考えるより、"自分が勉強したところから出題されるものだ"と決め込んで、それを少しずつ増やし、それが出れば確実に答えられるようにした方がよっぽど効率的にも、精神的にもいい。

　今思えば、受験においてこの考え方は、とても的を射たものです。

　皆さんも、試験直前だからといって決して焦らずに、出題されたときに確実に得点できる問題を着実に増やしていってください。

　それが合格への近道です。

　ご健闘と幸運、お祈りしています。

Chapter 5

個別原価計算
<注文生産>

重要度

Section 1 個別原価計算の方法　　　　　　★★★★☆

ココがPOINT!!

個別原価計算とは

　このChapterで取り上げる個別原価計算は、注文住宅の建築のように、お客様から注文を受けて製造を開始する、いわゆる受注生産経営で用いられる原価計算の方法です。

　ということは、オリジナルな製品を製造することになるので材料や加工の方法が製品ごとに異なるため、製品ごとに個別に原価を集計し計算しなければなりません。

　個別原価計算では、この原価を集計する場所として指図書を用います。"指図書＝(製品ごとの)仕掛品勘定" というイメージで捉えると、わかりやすくなります。

　それでは、総合原価計算との違いを意識しながら、しっかりと学習しましょう。

Section 1 個別原価計算の方法

重要度 ★★★★☆

はじめに

あなたの経営する全経家具では、数多くの家具を作ったせいか、ずいぶんと工員たちが腕を上げてきています。それを見たあなたは、「そろそろ一品もの（個別の受注生産）も可能だな」と考えていました。

そんな中、知り合いの家具販売店から特注のベッドの注文が入るようになりました。

さて、これまでは大量生産だったので、1カ月間に発生した原価を1カ月間で製造した個数で割り振ればよかったのですが、今度はそうはいきません。

では、このような個別受注生産の場合、原価はどのように計算するのでしょうか。

1 個別原価計算の生産形態

個別原価計算を採用する会社における製品の注文から生産・販売までの流れを示すと、次の図のようになります。

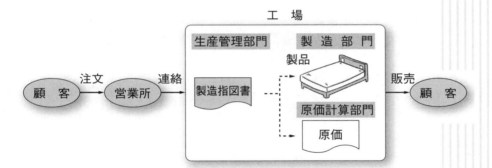

まず営業担当者が注文を受けると、その内容は工場の生産管理部門に伝達されます。生産管理部門では、作業日程や工員のスケジュールを考慮したうえで、製造指図書[01]と呼ばれる書類を作成して、製造部門に生産を指示します。

01）Job Order：J/O と略されます。

```
                    製造指図書              ♯100
                    X5年6月3日
顧客名    ○×家具店          納  期   X5年6月30日
納入場所  東京都千代田区××   着手日   X5年6月10日
                             完了日   　年　月　日
─────────────────────────────────────────
品名・規格          数 量        備 考
─────────────────────────────────────────
木製ベッドT型        1台
  シングルサイズ
  木目調
```

製造指図書の写しは、原価計算部門にも回されます。原価計算部門では、製造原価を製造指図書ごとに集計していきます[02]。

例えば、当月は#100[03]、#200の2つの注文を受けて原価が1,000,000円発生したとすると、このうち#100の分がいくらで、#200の分がいくらかを計算するのです。

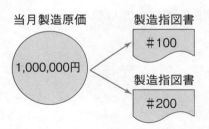

当月製造原価 　製造指図書 #100 / 製造指図書 #200 / 1,000,000円

このように、受注生産企業では注文ごとに製造指図書を発行して、それにもとづいて製品を生産すると同時に、原価を集計する個別原価計算が行われます。それによって注文ごとの原価が明らかになるのです。

2 原価の分類

原価を指図書に集計する方法は、原価によって異なります。個別原価計算では、原価を次のように分類します。

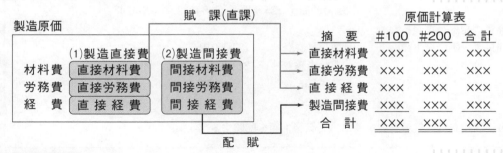

摘要	#100	#200	合計
直接材料費	×××	×××	×××
直接労務費	×××	×××	×××
直接経費	×××	×××	×××
製造間接費	×××	×××	×××
合計	×××	×××	×××

⑴製造直接費

製品に跡付けできる原価。どの製品(製造指図書)のためにいくら発生したかがわかる原価のことです。

例えば、#100は木製ベッド、#200はスチールベッドだとすると、木材、スチール材の代金はそれぞれ#100、#200のためにかかったものだとわかります。また、#100は工員Aが、#200は工員Bが生産したとすると、A、Bの賃金はそれぞれ#100、#200のためにかかったものであるといえます。これらは、製造直接費として各製造指図書に賦課[04]します。

⑵製造間接費

製品に跡付けできない原価。生産した製品(製造指図書)について共通的に発生した原価のことです。

例えば、工具代(間接材料費)や工場長の給料(間接労務費)や建物の減価償却費(間接経費)は、#100、#200のどちらのためにかかったともいえません。#100と#200の生産に共通に発生した原価です。これらは、製造間接費であり、何らかの基準によって各製造指図書に配賦[05]します。

02) このことから個別原価計算は「指図書別原価計算」ともいわれます。

03) 指図書の番号を示す#は「ナンバー」と読んでください。「No」としている問題もあります。

04) 原価財の価格に各指図書ごとの消費量を掛けて、指図書別に金額を算定することです。直課ともいいます。

05) 発生総額を集計し、基準値に応じて製造指図書に配分することです。基準とする値を配賦基準といいます。

それでは具体例によって計算してみましょう。

3 計算方法

例1-1

全経家具（株）では、家具の受注生産を行い、個別原価計算を採用している。

1．当月の生産状況

製造指図書	製品名	数量	着手日	完成日
＃100	A製品	200 個	6／ 3	― （仕掛中）
＃200	B製品	100 個	6／ 5	6／20 （すべて完成）
＃300	C製品	300 個	6／ 7	6／25 （すべて完成、顧客に引渡済）

> ロット（一定の製造数量）単位で受注生産しているという前提です。1ロット＝50個くらいが多いようです。

2．当月の製造原価

①直接材料費　｛実際価格　　600円／kg

　実際消費量

＃100	＃200	＃300	計
350kg	220kg	450kg	1,020kg

②直接労務費　｛実際賃率　　800円／時間

　実際作業時間

＃100	＃200	＃300	計
250時間	125時間	300時間	675時間

③直接経費は発生しなかった。

④製造間接費　実際発生額

間接材料費	125,000 円
間接労務費	248,000 円
間 接 経 費	275,000 円
計	648,000 円

なお、製造間接費は直接労務費を基準に実際発生額を配賦する。

(1)製造直接費の計算

製造直接費（直接材料費、直接労務費）は、**価格要素**（材料価格、賃率）に**数量要素**（材料の消費量、作業時間）を掛けて、**指図書別に計算**し、**賦課**（直課）します。

製造指図書に賦課することができるのは、材料元帳や工員からの作業報告において、どの指図書のために、何を、いくら消費したかを記録しているためです。

＃100 の直接材料費＝実際価格×＃100 の実際消費量
　210,000 円　＝　＠600 円 ×　350kg

＃100 の直接労務費＝実際賃率×＃100 の実際作業時間
　200,000 円　＝　＠800 円 ×　250 時間

(2)製造間接費の計算

　製造間接費は発生した総額しか把握できないので、①直接材料費額[06]、②直接労務費額[07]、③直接原価総額[08]（＝直接材料費＋直接労務費）の比率などで[09]各指図書に配分します。

　ここでは、直接労務費法で説明しています。

　まず、製造間接費を直接労務費合計で割って**実際配賦率**[10]を算定し、これに指図書別の直接労務費を掛けて**配賦額**[11]を計算します。実際配賦率 @1.2円は、いわば製造間接費の価格[12]であって、これに消費量である配賦基準（直接労務費）を掛けて配賦額を計算していると考えてください。

> 直接労務費：@800円×675時間＝540,000円
>
> 実際配賦率：$\dfrac{\text{製造間接費実際発生額 648,000円}}{\text{配賦基準値（直接労務費） 540,000円}}$＝@1.2円
>
> ＃100への配賦額：@1.2円×200,000円（@800円×250時間）＝240,000円
> ＃100の配賦基準値（直接労務費）

(3)原価計算表の記入

原価計算表				（単位：円）
摘　要	＃100	＃200	＃300	合　計
直 接 材 料 費[13]	210,000	132,000	270,000	612,000
直 接 労 務 費[14]	200,000	100,000	240,000	540,000
製 造 間 接 費[15]	240,000	120,000	288,000	648,000
合　　計	650,000	352,000	798,000	1,800,000
備　考	仕掛中	完　成	完成・引渡済	

　以上の計算によって、**製造指図書別原価**が計算できました。これを生産量で割ると、製品1個あたりの原価を算定することができます[16]。

　＃200（B製品）352,000円÷100個＝@3,520円
　＃300（C製品）798,000円÷300個＝@2,660円

　ここで、各製品の単位原価が異なることに注意してください。製品の仕様が異なるので、当然に単位原価も異なります。このように注文品ごとの原価を計算するために指図書別に原価を集計したのです。

　また、自家用のために製品を製造することがあります。この場合は、製品ではなく、製造原価の金額で機械などの有形固定資産勘定を計上します。

06) 直接材料費額を基準にして配賦する方法を直接材料費法といいます。
07) 直接労務費額を基準にして配賦する方法を直接労務費法といいます。
08) 直接原価総額を基準にして配賦する方法を直接原価法または製造直接費法といいます。
09) これ以外にも、直接作業時間や機械稼働時間の比率で配分することもあります。
10) 配賦基準値単位あたりの製造間接費実際発生額のことです。
11) 製造指図書に配賦された製造間接費の金額のことです。
12) 直接労務費が1円発生すると、製造間接費が1.2円発生しているという関係を示しています。

13) 実際価格（@600円）×実際消費量
14) 実際賃率（@800円）×実際作業時間
15) 直接労務費×実際配賦率（@1.2円）
16) ＃100（A製品）は仕掛中のため、製品あたりの単位原価の算定はまだ行えません。

それでは、計算結果を帳簿に記入してみましょう。これには、(1)**製品勘定を設ける方法**と、(2)**製品勘定を設けない方法**があります。なお、個別原価計算の処理では、①製造直接費の製品原価(仕掛品勘定)への賦課および製造間接費を集計したとき、②製造間接費を配賦したとき、③製品が完成したとき、④製品を販売したとき、の4つに注意してください。

> 受注生産の場合、完成するとすぐに注文先に納品するので、製品勘定をもたない会社もあります。

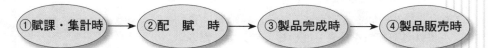

①賦課・集計時 → ②配 賦 時 → ③製品完成時 → ④製品販売時

(1)製品勘定を設ける方法

①賦課・集計時

直接材料費、直接労務費、直接経費は仕掛品勘定へ振り替え、間接費は製造間接費勘定に集計します。

> 17) 612,000円 + 540,000円 = 1,152,000円
> 18) 125,000円 + 248,000円 + 275,000円 = 648,000円

①製造直接費賦課	(借)仕 掛 品	1,152,000 [17]	(貸)材 料	737,000
製造間接費集計	製造間接費	648,000 [18]	賃 金	788,000
			経 費	275,000

②配賦時

当月の配賦額合計(=製造間接費発生額)を仕掛品勘定へ振り替えます。

②製造間接費配賦	(借)仕 掛 品	648,000	(貸)製造間接費	648,000

③-1製品完成時

当月に完成した分の原価を製品勘定へ振り替えます。

③製 品 完 成	(借)製 品	1,150,000	(貸)仕 掛 品	1,150,000

③-2製品完成時(自家用資産)

自社で製造した製品を販売用ではなく、自社で使用する場合には、当月完成分を有形固定資産勘定等、該当する科目に振り替えます。

例)製造した機械を自社で使用する場合

③製品完成(自家用資産)	(借)機 械 装 置	1,150,000	(貸)仕 掛 品	1,150,000

④製品販売時

売上[19]を計上するとともに、販売した分の原価を売上原価勘定へ振り替えます。

> 19) #300の販売額は850,000円、掛により販売されたとします。

④製 品 販 売	(借)売 掛 金	850,000	(貸)売 上	850,000
	(借)売 上 原 価	798,000	(貸)製 品	798,000

まとめると、次のようになります。

$$
\left\{
\begin{array}{l}
注文を受けた生産量のすべてを完成
\left\{
\begin{array}{l}
顧客に引渡済み \ \cdots\cdots \ \textbf{売 \ 上 \ 原 \ 価}\\[4pt]
顧客に引渡未済 \ \cdots\cdots \ \textbf{月末製品棚卸高}
\end{array}
\right.\\[14pt]
仕掛中（注文を受けた生産量の一部完成も含む）\cdots\cdots\cdots\cdots \textbf{月末仕掛品棚卸高}
\end{array}
\right.
$$

この設例では、次のように製品原価の動きを示すことができます。

$$
\begin{array}{l}
当月製造費用\\
1,800,000円
\end{array}
\left\{
\begin{array}{l}
完 \ 成 \ 品 \quad 1,150,000円\\
\quad（\#200と\#300の原価）
\left\{
\begin{array}{l}
売上原価 \quad 798,000円\\
\quad（\#300の原価）\\[6pt]
月末製品 \quad 352,000円\\
\quad（\#200の原価）
\end{array}
\right.\\[14pt]
月末仕掛品 \quad 650,000円\\
\quad（\#100の原価）
\end{array}
\right.
$$

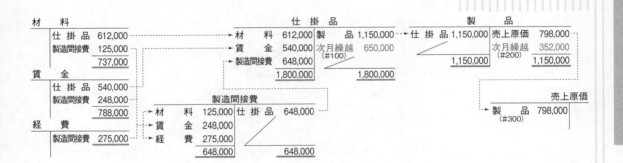

(2)製品勘定を設けない方法

①賦課と集計	(1) に同じ
②製造間接費配賦	(1) に同じ
③④製品完成・販売	(借) 売 掛 金 850,000 （貸) 売 　 上 850,000
	(借) 売 上 原 価 798,000 （貸) 仕 掛 品 798,000

受注生産では製品が完成するとすぐに顧客に引き渡すことも多いようです。その場合、③製品が完成したときと、④製品を販売したときとは、ほぼ同時と考えることができるので、原価に関する仕訳を一本にまとめます[20]。

20)完成と同時に引き渡すということは、製品を倉庫に置いておくこともないので、製品勘定もいらないのです。

(1)の方法	③製品完成	(借) ~~製　　品~~ ×××	（貸) 仕 掛 品 ×××
	④製品販売	(借) 売 掛 金 ×××	（貸) 売 　 上 ×××
		(借) 売 上 原 価 ×××	（貸) ~~製　　品~~ ×××
		↓	↓
(2)の方法	③④製品完成・販売	(借) 売 掛 金 ×××	（貸) 売 　 上 ×××
		(借) 売 上 原 価 ×××	（貸) 仕 掛 品 ×××

材料

仕 掛 品	612,000		
製造間接費	125,000		
	737,000		

賃　金

仕 掛 品	540,000		
製造間接費	248,000		
	788,000		

経　費

製造間接費	275,000		

仕 掛 品

材　　料	612,000	売上原価	798,000
賃　　金	540,000	次月繰越	1,002,000 [21]
製造間接費	648,000		(#100,#200)
	1,800,000		1,800,000

製造間接費

材　　料	125,000	仕 掛 品	648,000
賃　　金	248,000		
経　　費	275,000		
	648,000		648,000

売上原価

仕 掛 品	798,000	
	(#300)	

21) この場合、完成品原価は、製品が顧客に引き渡されるまで、仕掛品勘定に残ります。

Try it 例題 Q

個別原価計算の方法

原価計算表を埋めて製造指図書別原価を計算し、仕掛品勘定(一部)と製品勘定を作成しなさい。なお、使用する勘定科目は、材料、賃金、経費、製造間接費、仕掛品、製品、売上原価とする。

〔資　料〕

(1) 当月の生産状況(すべて当月に作業を開始した)

製造指図書	製品名	注文量	完成量	
＃100	A製品	80台	20台	(仕掛中)
＃200	B製品	50台	50台	(当月完成し、月末現在、手許に保管中)
＃300	C製品	100台	100台	(顧客に引渡済(720,000円で掛売上))

(2) 当月の製造原価

① 直接材料費　実際価格　300円/個

　　　　　　　実際消費量　＃100(340個)　＃200(160個)　＃300(280個)

② 直接労務費　実際賃率　500円/時間

　　　　　　　実際作業時間　＃100(380時間)　＃200(180時間)　＃300(240時間)

③ 製造間接費　実際発生額

間接材料費	120,000円
間接労務費	235,000円
間接経費	245,000円
計	600,000円

なお、製造間接費は直接労務費を基準に実際発生額を配賦する。

原価計算表　　　　　　(単位：円)

摘　　要	＃100	＃200	＃300	合　　計
直 接 材 料 費				
直 接 労 務 費				
製 造 間 接 費				
合　　計				
備　　考				

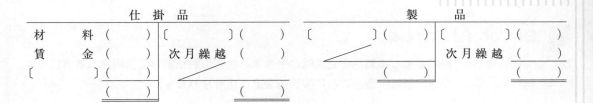

仕 掛 品

材　料（　　）	〔　　　　〕（　　）
賃　金（　　）	次月繰越（　　）
〔　　　〕（　　）	
（　　）	

製 　 品

〔　　　〕（　　）	〔　　　〕（　　）
	次月繰越（　　）
（　　）	（　　）

原価計算表　　　　　　　　　　　（単位：円）

摘　要	＃ 100	＃ 200	＃ 300	合　計
直 接 材 料 費	102,000 22)	48,000	84,000	234,000
直 接 労 務 費	190,000 23)	90,000	120,000	400,000
製 造 間 接 費	285,000 24)	135,000	180,000	600,000
合　計	577,000	273,000	384,000	1,234,000
備　考	仕掛中	完成・未引渡	完成・引渡済	

22)（価格×消費量）で計算します。

23)（賃率×作業時間）で計算します。

24)直接労務費を基準に配賦します。
$$\frac{600,000 円}{400,000 円} \times 190,000 円 = 285,000 円$$

仕 掛 品

材　　料（234,000）	〔製　　品〕（657,000）
賃　　金（400,000）	次 月 繰 越（577,000）
〔製造間接費〕（600,000）	
（1,234,000）	（1,234,000）

製 　 品

〔仕　掛　品〕（657,000）	〔売上原価〕（384,000）
	次 月 繰 越（273,000）
（657,000）	（657,000）

①	**製造直接費賦課**	（借）仕　掛　品	634,000	（貸）材　　　料	354,000
	製造間接費集計	製造間接費	600,000	賃　　　金	635,000
				経　　　費	245,000
②	**製造間接費配賦**	（借）仕　掛　品	600,000	（貸）製造間接費	600,000
③	**製 品 完 成**	（借）製　　　品	657,000 25)	（貸）仕　掛　品	657,000
④	**製 品 販 売**	（借）売　掛　金	720,000	（貸）売　　　上	720,000
		（借）売 上 原 価	384,000 26)	（貸）製　　　品	384,000

25) 273,000 円（＃ 200）＋ 384,000 円（＃ 300）＝ 657,000 円

26) 販売済となった ＃ 300 の原価です。

Section 1のまとめ

■個別原価計算の 生産形態　種類が異なる製品を個別的に生産する生産形態において適用される方法です。製造原価は、製品ごとに製造指図書に集計されます。

■原価の分類
- ①製造直接費（製品に跡付けできる原価）の各指図書への賦課（ふか）
- ②製造間接費（製品に跡付けできない原価）の各指図書への配賦（はいふ）

■計算方法

> （資料1）
>
> | | #101 | #102 | #103 |
> |---|---|---|---|
> | 直接材料費 | 150円 | 90円 | 180円 |
> | 直接労務費 | 120円 | 190円 | 420円 |
> | 製造間接費 | #101～#103 合計 600円 | | |
> | 配賦割合 | 50% | 30% | 20% |
>
> ＊#101、#102は作業を完了しているが、#103は作業途中である。また、#101は顧客に引渡済みである。

上記の資料から、指図書別原価計算表と仕掛品勘定の記入を行うと、次のようになります。

■指図書別 原価計算表　A→a　B→b　C→c　それぞれ対応しています。

指図書別原価計算表　　　　　　　（単位：円）

摘要	#101	#102	#103	合　計
直接材料費	150	90	180	420
直接労務費	120	190	420	730	A
製造間接費	300	180	120	600
合　計	570	460	720	1,750
備　考	完成・引渡済	完成	仕掛中	

B　　　　　　C

■帳簿への記入

(1)製品勘定を設ける場合

仕掛品
a｜直接材料費 420｜製　品 1,030 ｜b
　｜直接労務費 730｜次月繰越 720 ｜c
　｜製造間接費 600｜
　｜1,750｜1,750

製品
仕掛品 1,030｜売上原価 570
　　　　　　｜次月繰越 460
1,030｜1,030

売上原価
製　品 570｜

(2)製品勘定を設けない場合

仕掛品
a｜直接材料費 420｜売上原価 570 ｜b
　｜直接労務費 730｜次月繰越 1,180 ｜b+c
　｜製造間接費 600｜
　｜1,750｜1,750

売上原価
仕掛品 570｜

| ■売上原価等の
算　　定 | 個別原価計算において、各指図書に集計された原価の合計額は、売上原価・期末製品・期末仕掛品のいずれかに対応します。 |

```
┌ 完　成 ┌ 引 渡 済 ── 売上原価
│        └ 引渡未済 ── 期末製品
└ 未完成 ───────── 期末仕掛品
```

┌─────────────────────────────────────┐
│ （資料２）   │
│   指図書No.   原価   完成状況   │
│   ＃201   980円   完成・引渡済   │
│   ＃202   560円   完成・引渡未済   │
│   ＃203   430円   完成・引渡未済   │
│   ＃204   770円   仕掛中   │
└─────────────────────────────────────┘

（資料２）についての売上原価、期末製品、期末仕掛品の金額は、次のようになります。

```
┌ 売 上 原 価    980円（＃201）
│ 期 末 製 品    990円（＃202、＃203）
└ 期末仕掛品    770円（＃204）
```

　生産業の簿記では、Chapter 0でも示しましたように、「材料費」「労務費」「経費」に分けることが出発点になります。あとは、生産する物により、これら費用の配分の仕方が違うだけです。これら費用配分の仕方の違いを勉強しましょう。

　ちなみに、てんぷら屋の場合、材料（イカ天、野菜点など）の違いにより、ケーキ屋の場合も、ショートケーキ、モンブランなどによりそれぞれの製品の原価は違います。

「私は、大きな罪を犯しました。懺悔しなければなりません」。

私は、これまで講座や書籍を通じて、多くの受験生に関わってきました。しかし、そんな私が受験生の方にウソを教えておりました。

私は常々受験生の方に、次のように教えておりました。

$$『収　益　-　費　用　=　利　益』$$

しかし、会社を経営してわかったのですが、これはウソです。これでは会社が持ちません。

収益は相手のある不確実なもの、また、社員の給料をはじめとする費用は確実に発生してくるものです。

『収益-費用=利益』と考えたのでは、不確実な収益が下がったときにも費用は一定で、収益が下がった分だけ利益を直撃することになり、非常に危ない考え方だったのです。

では、どう考えるべきだったか、というと次のとおりです。

$$『収　益　-　利　益　=　費　用』$$

まず、得られるであろう収益から、確保しなければならない利益を差し引き、残りをコントロールすべき費用と考えるべきでした。

こうしておけば、収益が下がっても、必要な利益を確保するために、費用をいかに抑えるかという思考に自然と至り、またどのような費用をかけることで、いかに効率的に収益を上げられるのか、という思考にもなります。

これがビジネス上健全な思考で、簿記を学ぶすべての人に伝えるべき感覚でした。あぁ、この場を借りて、懺悔、懺悔……。

問題編

Section 1　工業簿記とは

問題 1　商業簿記と工業簿記①

基本	★☆☆☆☆	check!
➡解答・解説 P.2		

日付	/	/	/
✓			

▼次の表の空欄にあてはまる語句、文章を語群より選び、記号で答えなさい。

	経営形態	用いられる簿記
商社、卸売店、小売店など	①	③
メーカーなど	②	④

〈語群〉
㋑ 製　造　業：自社で製造した製品を販売する　　㋺ 商業簿記　　㋩ 工業簿記
㊁ 商品売買業：外部から仕入れた商品をそのまま販売する

① ＿＿＿＿＿＿＿　② ＿＿＿＿＿＿＿　③ ＿＿＿＿＿＿＿　④ ＿＿＿＿＿＿＿

問題 2　商業簿記と工業簿記②

基本	★☆☆☆☆	check!
➡解答・解説 P.2		

日付	/	/	/
✓			

▼次の文章の空欄にあてはまる語句を答えなさい。

　工業簿記は、原価計算と密接な関係にあります。工業簿記も基本的な目的は商業簿記と同じであり、取引を記録し、必要な計算を行い、結果を財務諸表によって報告します。このうち、　①　と　②　は主に工業簿記の役目であり、原価計算は主に　③　を役目としています。

① ＿＿＿＿＿＿＿　② ＿＿＿＿＿＿＿　③ ＿＿＿＿＿＿＿

▼次の項目のうち、製造原価となるものを記号で答えなさい。

　　ア．工員の給料　　イ．本社建物の保険料　　ウ．工場電気代

　　エ．材料の消費額　　オ．販売員給料　　　　カ．本社電気代

製 造 原 価	

Chapter 2　工業簿記のアウトライン

工場で製品が作られるまで

▼次の取引の仕訳を示しなさい。

(1) 材料8,000円を掛けで購入した。

(2) 購入した材料のうち、6,000円を工場に移し、製造を開始した。

(3) 製品が完成した。なお、製品の製造原価は14,000円であった。

(4) 完成した製品のうち12,000円が、20,000円で販売され、代金は掛けとした。

（単位：円）

	借 方 科 目	金 額	貸 方 科 目	金 額
(1)				
(2)				
(3)				
(4)				

問題 2 製造原価の分類①

基本 ★☆☆☆☆ check!

→ 解答・解説 P.4

日付	/	/	/
✓			

▼以下の製造原価の分類に関する各問に答えなさい。

①次のＡ群に示された用語の説明として適当なものをＢ群から選び、記号で答えなさい。

Ａ 群	Ｂ 群
材 料 費	㋑ 材料および労働用役以外の原価財を消費したことで発生する原価。工場建物や機械の減価償却費、電力料、ガス代など。
労 務 費	㋺ 労働用役を消費した（人が加工作業をした）ことで発生する原価。賃金、給料、賞与、手当など。
経 費	㋩ 物品を材料として消費したことで発生する原価。素材費、買入部品費など。

②次のＡ群に示された用語の説明として適当なものをＢ群から選び、記号で答えなさい。

Ａ 群	Ｂ 群
製造直接費	㋑ 特定の製品に対してかかる原価。
製造間接費	㋺ 複数の製品に対して共通的にかかる原価。

① 材料費＿＿＿＿＿＿＿＿　労務費＿＿＿＿＿＿＿＿　経　費＿＿＿＿＿＿＿＿

② 製造直接費＿＿＿＿＿＿＿＿　製造間接費＿＿＿＿＿＿＿＿

問題 3 製造原価の分類②

基本 ★☆☆☆☆ check!

→ 解答・解説 P.5

日付	/	/	/
✓			

▼次の項目を、ア直接材料費、イ間接材料費、ウ直接労務費、エ間接労務費、オ直接経費、カ間接経費に分類し記号で答えなさい。

①直接工の事務手伝いにより発生した賃金
②特許権使用料
③工場の管理者の給料
④工作用機械の減価償却費
⑤直接材料の間接使用により発生した材料費
⑥買い入れた部品の消費額
⑦工場の備品の減価償却費
⑧直接工が直接製造にかかわったことにより発生した賃金

①		②		③		④		⑤		⑥		⑦		⑧	

問題 **4** 製造原価の分類③

基本 ★★☆☆☆ check!
➡解答・解説 P.5

日付	/	/	/
✓			

▼次の空欄にあてはまる金額を答えなさい（単位：円）。

			販　売　費　500	営業費	
			一般管理費　400		
	間接材料費　400	製造間接費	製　造　原　価 （①）	総　原　価 3,000	
	間接労務費　（②）				
	間接経費　600				
直接材料費　600					
直接労務費　200	製造直接費　900				
直接経費　（③）					

① ＿＿＿＿＿＿＿＿ 円 ② ＿＿＿＿＿＿＿＿ 円 ③ ＿＿＿＿＿＿＿＿ 円

問題 **5** 製造原価の分類④

基本 ★★☆☆☆ check!
➡解答・解説 P.6

日付	/	/	/
✓			

▼次の資料から、(1)製造間接費、(2)製造直接費、(3)製造原価、(4)この製品の製造量が2,000個であるときの1個あたりの製造原価を計算しなさい。

（資　料）

直接材料費	360,000円	間接材料費	120,000円	直接労務費	260,000円
間接労務費	60,000円	直接経費	10,000円	間接経費	240,000円

(1) 製造間接費 ＿＿＿＿＿＿ 円　(3) 製造原価 ＿＿＿＿＿＿ 円

(2) 製造直接費 ＿＿＿＿＿＿ 円　(4) 1個あたりの製造原価 ＿＿＿＿＿＿ 円

Chapter 3 費目別計算

Section 1 材料費会計

問題1 材料費の分類

基本 ★★☆☆☆ check! 日付 ／ ／ ／ ✓

➡解答・解説 P.7

▼次の表の①～⑤に該当する費目を以下の語群から選び、記号で答えなさい。

材　料　費	直接材料費	①
		②
	間接材料費	③
		④
		⑤

〈語群〉

㋑ **補助材料費**：製品を生産するために補助的に消費される物品の原価
㋺ **買入部品費**：他の企業から購入して、そのまま製品に組み込む部品の原価
㋩ **消耗工具器具備品費**：耐用年数が1年未満または取得原価が低いことから、固定資産として扱われない工具器具備品の原価
㋥ **主要材料費**：製品の主たる素材となる物品の原価
㋭ **工場消耗品費**：製品を生産するうえで必要な消耗品の原価

① ＿＿＿＿　② ＿＿＿＿　③ ＿＿＿＿　④ ＿＿＿＿　⑤ ＿＿＿＿

問題2 材料の購入

基本 ★★☆☆☆ check! 日付 ／ ／ ／ ✓

➡解答・解説 P.7

▼次の取引の仕訳を示しなさい。

材料を掛けで仕入れた。購入代価は200,000円であり、他に運賃5,000円を現金で支払った。

(単位：円)

借方科目	金　額	貸方科目	金　額

問題3 先入先出法と平均法

基本 ★★★★★　check!

➡ 解答・解説 P.8

日付	/	/	/
✓			

▼次の資料により、(A)先入先出法、(B)平均法（総平均法）のそれぞれの方法を採用した場合の、当月の材料棚卸減耗費と材料費を計算しなさい。

（資　料）

日付	摘　　要	受　入	単　価	払　出	単　価
5／1	前月繰越	30kg	@ 50 円		
12	受　　入	40kg	@ 85 円		
20	払　　出			60kg	？円
29	受　　入	30kg	@ 80 円		
31	棚卸減耗			？ kg	？円
〃	次月繰越	30kg			

(A)　先入先出法

　　材料棚卸減耗費 ＿＿＿＿＿＿＿円　　材料費 ＿＿＿＿＿＿＿円

(B)　平均法

　　材料棚卸減耗費 ＿＿＿＿＿＿＿円　　材料費 ＿＿＿＿＿＿＿円

問題4 実際消費量の計算

基本 ★☆☆☆☆　check!

➡ 解答・解説 P.9

日付	/	/	/
✓			

▼当工場では、実際材料費の計算において買入部品の消費量の計算には継続記録法を採用し、補助材料の消費量の計算には棚卸計算法を採用している。また、以下の条件のもとで、解答用紙の材料勘定を完成させなさい。

〔条　件〕

(1)　買入部品の実際単価 4,000 円

(2)　買入部品の月初在庫量、当月購入量、当月消費量、月末在庫量

	A部品
月初在庫量	0 個
当月購入量	1,100 個
当月消費量	800 個
月末在庫量	300 個

(3)　補助材料当月買入額、月初有高、月末有高

　　当月買入額合計 1,400,000 円　　月初有高 200,000 円　　月末有高 600,000 円

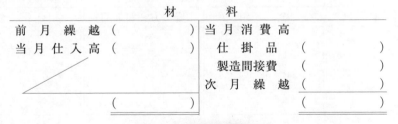

問題 5 材料の動き

▼次の取引の仕訳を示しなさい。なお、(2)は一連の取引である。

使用勘定科目：現金、買掛金、材料、仕掛品、製造間接費

(1)材料を掛けで購入した。その送状価額は100,000円であり、また引取運賃2,000円を現金で運送会社に支払った。

(2)①A商店より素材 100個(@500円)を掛けで仕入れた。

②B商店より買入部品 50個(@300円)を掛けで仕入れた。

③C商店より工場消耗品10,000円を現金で購入した。

④素材 80個(@500円)および買入部品 30個(@300円)を直接材料として消費した。

⑤工場消耗品3,000円を機械の修理のために消費した。

⑥素材の実地棚卸数量は 15個であった。なお、帳簿棚卸数量は 20個であり、この減耗は通常発生する程度のものである。

(単位：円)

		借 方 科 目	金 額	貸 方 科 目	金 額
(1)					
(2)	①				
	②				
	③				
	④				
	⑤				
	⑥				

問題 6 材料の投入と返品

▼次の取引の仕訳を示しなさい。

①A部品を100個仕入れ、代金 @800円は掛けとした。

②上記A部品のうち10個は規格外であったため、仕入先に返品した。

③残りのA部品全部を倉庫から生産現場に払い出した。

④上記出庫分のうち5個が、生産現場より倉庫に戻されてきた。

(単位：円)

	借 方 科 目	金 額	貸 方 科 目	金 額
①				
②				
③				
④				

Section 2 労務費会計

問題 7 労務費の分類

基本 ★★☆☆☆ check!
→ 解答・解説 P.11

日付	/	/	/
✓			

▼次の表の①〜⑧に該当する費目を以下の語群から選び、記号で答えなさい。

労　務　費	直 接 労 務 費	①	直接工賃金
		②	
		③	
	間 接 労 務 費	④	
		⑤	
		⑥	
		⑦	
		⑧	

〈語群〉

イ手待時間賃金：材料待ち、工具待ちなど、直接工に責任のない無作業時間に対する賃金

ロ従業員賞与手当：従業員に対して支給される賞与および通勤手当、住宅手当等の諸手当

ハ直接作業時間賃金：直接工が直接作業に従事した時間に対する賃金

ニ間接工賃金：修繕、運搬、清掃などの間接作業に従事している工員に支払われる賃金

ホ法定福利費：社会保険料の会社負担額

ヘ給料：職員および業務担当役員に対して支給される給与

ト退職給付費用：退職金支給に備えるための引当金繰入額

チ間接作業時間賃金：直接工が本来の任務である製品加工作業以外の仕事、例えば機械の修理、材料や完成品の運搬などに従事した時間に対する賃金

① _____　　② _____　　③ _____　　④ _____　　⑤ _____　　⑥ _____

⑦ _____　　⑧ _____

▼次の資料により、当月に必要な仕訳および諸勘定への記入・締切りを行いなさい。

（資　料）
①前月賃金未払額　　　150,000円
②当月賃金支払額　　　1,200,000円（現金払い）
③当月賃金消費額　　　直接労務費　　849,000円　間接労務費　　381,000円
④当月賃金未払額　　　　？　円

（単位：円）

	借　方　科　目	金　　額	貸　方　科　目	金　　額
①				
②				
③				
④				

賃　　　　　金　　　　（単位：円）

（　　　）	（　　　）	（　　　）	（　　　）
（　　　）	（　　　）	（　　　）	（　　　）
	（　　　）		（　　　）

未　　払　　賃　　金　　（単位：円）

（　　　）	（　　　）	前　月　繰　越	（　　　）
（　　　）	（　　　）	（　　　）	（　　　）
	（　　　）		（　　　）

問題 9　消費賃金の計算

基本 ★★★★☆ check!
→解答・解説 P.12
日付 / / /

▼次の資料から当月の直接労務費と間接労務費を計算しなさい。

（資　料）

賃　金

	前月未払高	当月支払高	当月未払高
直接工（直接作業分）	20,900 千円	200,000 千円	24,000 千円
〃　　（間接作業分）	14,600 千円	100,000 千円	13,000 千円
間接工	9,980 千円	70,000 千円	10,080 千円

その他

従業員賞与	5,000 千円	アルバイト給料	3,000 千円
法定福利費	2,800 千円	福利施設負担額	600 千円

直接労務費	千円
間接労務費	千円

問題 10　賃金の消費

基本 ★★☆☆☆ check!
→解答・解説 P.13
日付 / / /

▼次の取引の仕訳を示しなさい。

使用勘定科目：賃金、Ａ仕掛品、Ｂ仕掛品、製造間接費

当工場の直接工の作業時間報告書は以下のとおりであった。

なお、直接工の時給は1,000円とする。

加 工 時 間　50時間（うち30時間をＡ製品、残りをＢ製品の製造に使った）
段 取 時 間　5 時間（うち3時間をＡ製品、残りをＢ製品の製造に使った）
間接作業時間　7 時間
手 待 時 間　2 時間

（単位：円）

借 方 科 目	金 額	貸 方 科 目	金 額

Section 3　経費会計

問題 11　経費の分類①

基本 ★★☆☆☆ check!

→ 解答・解説 P.14

日付	／	／	／
✓			

▼次の表の①〜⑦に該当する費目を以下の語群から選び、記号で答えなさい。

経　　　費	直 接 経 費	①
		②
	間 接 経 費	③
		④
		⑤
		⑥
		⑦

〈語群〉

㋑減 価 償 却 費：工場の建物や機械などの減価償却費

㋺特 許 権 使 用 料：外部の会社が特許を持つ技術を利用して製品を生産するとき、
その対価として支払う原価

㋩通　　信　　費：電話代や郵便代など

㋥棚 卸 減 耗 費：減耗した材料の原価

㋭旅 費 交 通 費：出張時の旅費など

㋬外 注 加 工 賃：製品生産に関する仕事（材料の加工や製品の組立など）の一部
を外部の会社に委託したとき、その対価として支払う原価

㋣修　　繕　　費：工場の建物や機械などの修繕費

①＿＿＿＿＿　②＿＿＿＿＿　③＿＿＿＿＿　④＿＿＿＿＿　⑤＿＿＿＿＿　⑥＿＿＿＿＿

⑦＿＿＿＿＿

問題 12　経費の分類②

➡ 解答・解説 P.14

基本　★★☆☆☆　check!

日付	／	／	／
✓			

▼以下の文章は間接経費の分類を示したものである。空欄にあてはまる語句を答えなさい。

　　① 　経費：月割計算によって当月の発生額を求める。
　　　　　　　例：減価償却費、賃借料、保険料など。

　　② 　経費：当月に生じた分の原価を当月の発生額とする。
　　　　　　　例：棚卸減耗費など。

　　③ 　経費：当月の支払額または請求額をもって当月の発生額とする。
　　　　　　　例：旅費交通費、通信費、事務用消耗品費、保管料など。

　　④ 　経費：メーターで当月の消費量を測定し、料率表と照らし合わせて当月の発生額を計算する。
　　　　　　　例：ガス代、水道料、電力料など。

①＿＿＿＿＿＿＿　②＿＿＿＿＿＿＿　③＿＿＿＿＿＿＿　④＿＿＿＿＿＿＿

問題 13　経費の処理

➡ 解答・解説 P.15

基本　★★★☆☆　check!

日付	／	／	／
✓			

▼次に示す経費の当月消費額を計算しなさい（単位：円）。

経　費	当月支払額	前　　月		当　　月		当月消費額
		前払額	未払額	前払額	未払額	
特許権使用料	14,000	1,000		500		
支 払 家 賃	42,000		800		700	
通 　信 　費	36,000	800			1,200	
保 　管 　料	48,000		1,500	1,600		
修 　繕 　費	39,000	400	200	800	600	

特 許 権 使 用 料 ＿＿＿＿＿＿円　　　支 払 家 賃 ＿＿＿＿＿＿円

通 　信 　費 ＿＿＿＿＿＿円　　　保 管 料 ＿＿＿＿＿＿円

修 　繕 　費 ＿＿＿＿＿＿円

▼次の取引を仕訳しなさい。勘定科目は、以下の語群の中から最も適切なものを選択すること。語群の中にない勘定科目は使用しないこと。

仕掛品、製造間接費、買掛金、機械減価償却累計額、材料、未払電力料

1．製造指図書＃101の製品を製造するため、材料A60,000円を出庫し、外注先の工場に加工を依頼した。なお、当工場では材料を外注のため無償支給しており、材料を外注先に引き渡すときに通常の出庫票にて出庫の記録を行っている。

2．上記1の外注先から加工品を受け入れた。請求書によると、外注加工賃は15,000円であった。

3．材料倉庫の棚卸を行い、材料の減耗20,000円が発見されたので、棚卸減耗費を計上した。

4．当月の機械減価償却費を計上した。機械減価償却費の年間見積額は、960,000円である。

5．月末に、当月分の電力消費量の測定結果にもとづいて、電力料200,000円を計上した。

（単位：円）

	借　方　科　目	金　　　額	貸　方　科　目	金　　　額
1				
2				
3				
4				
5				

▼次の取引を仕訳しなさい。なお、当工場では経費勘定を設けていない。

(1)　当月のB製品にかかわる特許権使用料は35,000円であった。請求書を受け取り、小切手を振り出して支払った。

(2)　当年度の機械等修繕費は600,000円と予想されるので、この12分の1を当月分経費として修繕引当金に計上する。

(3)　電力料の固定料金は20,000円、従量料金は2円/kWhである。なお、当月の電力消費量は22,000kWhであった。

（単位：円）

	借　方　科　目	金　　　額	貸　方　科　目	金　　　額
(1)				
(2)				
(3)				

製造間接費会計

問題 16 **製造間接費の配賦**

基本 ★★★★☆ check!

➡ 解答・解説 P.17

日付	/	/	/
✓			

▼次の取引の仕訳をするとともに各勘定への記入を行いなさい。記入がない欄には

(―)を記入のこと。

（資　料）

1．当月製造間接費実際発生額　　　500,000円

2．60%をA製品、40%をB製品の製造原価として配賦する。

（単位：円）

借　方　科　目	金　　額	貸　方　科　目	金　　額

製造間接費

諸　口	500,000	〔　　　　　〕	（　　　　　）	
		〔　　　　　〕	（　　　　　）	

A 仕 掛 品

〔　　　　　〕	（　　　　　）	

B 仕 掛 品

〔　　　　　〕	（　　　　　）	

問題 17 費目別計算のまとめ

▼次の資料にもとづき、解答用紙の素材勘定、賃金・手当勘定、製造間接費勘定および仕掛品勘定を完成させなさい。

1. 素材　当期購入代価3,600万円、当期引取費用100万円、期末帳簿棚卸高250万円、期末実地棚卸高240万円。素材は、すべて直接材料として使用された。なお、帳簿棚卸高と実地棚卸高との差額は正常な差額である。

2. 工場補修用鋼材　期首有高20万円、当期仕入高200万円、期末有高18万円

3. 工場固定資産税20万円

4. 機械工および組立工賃金　前期未払高610万円、当期賃金・手当支給総額2,600万円、当期直接賃金2,200万円、当期間接作業賃金370万円、当期手待賃金12万円、当期未払高592万円。

5. 工場の修理工賃金　当期要支払額230万円

6. 製造用切削油、機械油などの当期消費額155万円

7. 工場倉庫係の賃金　当期要支払額186万円

8. 製造関係の事務職員給料　当期要支払額172万円

9. 耐用年数1年未満の製造用工具と測定器具123万円

10. 工具用住宅、託児所など福利施設負担額45万円

11. 工場の運動会費5万円

12. 外注加工賃300万円

13. 工場電力料・ガス代・水道料120万円

14. 工場減価償却費500万円

素　　　材　　　　　　　　　（単位：万円）

期 首 有 高	200	〔　　　　　〕	(　　　　　　)
購 入 代 価	(　　　　　　)	期 末 有 高	(　　　　　　)
〔　　　　　〕	(　　　　　　)	正常棚卸減耗費	(　　　　　　)
	3,900		3,900

賃 金 ・ 手 当　　　　　　　（単位：万円）

当期支給総額	2,600	〔　　〕未払高	(　　　　　　)
〔　　〕未払高	(　　　　　　)	〔　　　　　〕	(　　　　　　)
		直接工間接賃金	370
		手 待 賃 金	12
	(　　　　　　)		(　　　　　　)

製 造 間 接 費　　　　　　　（単位：万円）

間 接 材 料 費	(　　　　　　)	〔　　　　　〕	(　　　　　　)
間 接 労 務 費	(　　　　　　)		
間 接 経 費	(　　　　　　)		
	2,150		2,150

仕 　掛 　品　　　　　　　　（単位：万円）

期 首 有 高	200	当 期 完 成 高	8,000
直 接 材 料 費	(　　　　　　)	期 末 有 高	500
直 接 労 務 費	(　　　　　　)		
直 接 経 費	(　　　　　　)		
製 造 間 接 費	(　　　　　　)		
	8,500		8,500

問題
18 工業簿記の流れ

▼当社は製品Tを製造している。次の空欄の中に適切な語句または数値を記入しなさい。

(1) 材料 2,400円を掛けで購入した。

(借)〔　　　　　　〕　　 2,400　　　(貸) 買 掛 金　　 2,400

(2) 材料 1,800円を消費した（直接費 1,000円、間接費 800円）。

(借)〔　　　　　　〕（　　　）　　(貸) 材 料　　 1,800
　　　〔　　　　　　〕（　　　）

(3) 賃金 5,000円を支払った（現金 4,400円、預り金 600円）。賃金勘定を用いるものとする。

(借)〔　　　　　　〕　　 5,000　　　(貸) 現 金（　　　）
　　　　　　　　　　　　　　　　　　　　　〔　　　　　　〕（　　　）

(4) 賃金の消費額は 5,000円であり、このうち 3,600円が直接労務費である。

(借) 仕 掛 品　　 3,600　　　(貸) 賃 金　　 5,000
　　　〔　　　　　　〕（　　　）

(5) 経費 1,600円を小切手を振り出して支払った。

(借)〔　　　　　　〕　　 1,600　　　(貸)〔　　　　　　〕　　 1,600

(6) 経費の消費額は 1,600円であり、このうち 1,000円が直接経費である。

(借)〔　　　　　　〕　　 1,000　　　(貸) 経 費　　 1,600
　　　〔　　　　　　〕　　　 600

(7) 製造間接費 2,800円を配賦する。

(借)〔　　　　　　〕　　 2,800　　　(貸)〔　　　　　　〕　　 2,800

(8) 製品T 6,000円が完成した。

(借)〔　　　　　　〕　　 6,000　　　(貸)〔　　　　　　〕　　 6,000

(9) 製品T（原価 6,000円、売価 11,000円）を掛けで販売した。

(借) 売 掛 金（　　　）　　(貸) 売 上（　　　）
(借)〔　　　　　　〕　　 6,000　　　(貸)〔　　　　　　〕　　 6,000

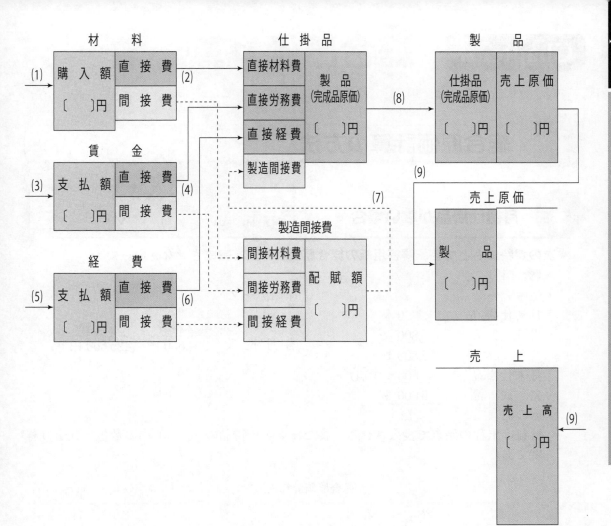

総合原価計算の方法

問題 1　月初仕掛品がない場合

基本 ★★★☆☆ check!

➡解答・解説 P.21

日付	/	/	/
✓			

▼次の資料にもとづき、解答用紙の総合原価計算表を完成させなさい。

（資料）

①生産データ

月初仕掛品	0 個
当月投入	5,800
合計	5,800 個
月末仕掛品	800　(0.4)
完成品	5,000 個

②原価データ

	材料費	加工費
当月投入	504,600 円	425,600 円

③その他

材料は工程の始点で投入される。また、上記仕掛品の（　　）内の数値は仕上り程度である。

総合原価計算表

（単位：円）

摘　　要	材　料　費	加　工　費	合　　計
月初仕掛品原価	0	0	0
当月製造費用	504,600	425,600	930,200
合　　計	504,600	425,600	930,200
月末仕掛品原価			
完成品総合原価			
完成品単位原価	@	@	@

Section **2** 単純総合原価計算

問題 **2** 先入先出法・平均法

基本 ★★★★☆ check!

→解答・解説 P.22

日付	/	/	/
✓			

▼次の資料にもとづき、(A)平均法、(B)先入先出法により、それぞれ月末仕掛品原価、完成品総合原価、完成品単価を計算しなさい。ただし、完成品単価は小数点以下第3位を四捨五入すること。

(資　料)

①生産データ

月初仕掛品	600個(0.3)
当 月 投 入	8,500
合　　計	9,100個
月末仕掛品	400 (0.2)
完 成 品	8,700個

②原価データ

	材 料 費	加 工 費
月初仕掛品	102,500円	25,400円
当 月 投 入	1,581,000円	1,423,300円

(注1)材料は工程の始点で投入される。

(注2)(　　)内の数値は仕上り程度である。

(A)平　均　法

月末仕掛品原価 _____ 円

完成品総合原価 _____ 円

完 成 品 単 価 @ _____ 円

(B)先入先出法

月末仕掛品原価 _____ 円

完成品総合原価 _____ 円

完 成 品 単 価 @ _____ 円

問題 3 平均法①

▼次の資料から、平均法によって総合原価計算表を完成させ仕掛品勘定に記入しなさい。

（製品Rの当月生産データ）

月初仕掛品	400 kg（50%）
当 月 投 入	7,600
投入量合計	8,000 kg
完 成 品	7,200 kg
月末仕掛品	800　（25%）
生産量合計	8,000 kg

なお、原料は工程の始点で投入される。上記仕掛品の（　）内の数値は、加工費の仕上り程度を示す。

総合原価計算表　　　　　　　　　　（単位：円）

摘　　要	原　料　費	加　工　費	合　　計
月初仕掛品原価	74,400	19,200	93,600
当月製造費用	1,485,600	757,800	2,243,400
合　　計	1,560,000	777,000	2,337,000
差引:月末仕掛品原価			
完成品総合原価			
完成品単位原価	@	@	@

仕　掛　品　　　　　　（単位：円）

前 月 繰 越	（　　　）	製　　　　品	（　　　）
材　　　料	（　　　）	次 月 繰 越	（　　　）
諸　　　口	（　　　）		
	（　　　）		（　　　）

問題
4 平均法②

基本 ★★★☆☆ check!
→解答・解説 P.26

日付 ／ ／ ／
✓

▼次の資料にもとづいて、月末仕掛品原価、完成品総合原価および完成品単位原価を計算しなさい(平均法による)。

(資 料)

(1)生産データ

月初仕掛品　300kg (0.6)
当月投入　1,400
合　計　1,700kg
月末仕掛品　400　(0.4)
完成品　1,300kg

(注1)材料は工程の始点ですべて投入される。
(注2)( )内の数値は仕上り程度を示す。

(2)原価データ

	材　料　費	加　工　費
月初仕掛品	85,860円	35,040円
当月投入	378,240円	201,480円

月末仕掛品原価 _____ 円

完成品総合原価 _____ 円

完成品単位原価 @ _____ 円

▼次の資料にもとづいて、仕掛品勘定を完成させなさい。なお、月末仕掛品の評価は先入先出法による。

1　原　価　資　料　　材　料　費　　加　工　費
　　　月初仕掛品原価　　￥　17,500　　￥　16,200
　　　当月製造費用　　　217,600　　　322,400

2　製　造　数　量
　　　月初仕掛品　　　　　500kg　　仕上り程度　60%
　　　当月投入量　　　　6,400
　　　　合　計　　　　　6,900kg
　　　月末仕掛品　　　　　800　　仕上り程度　50%
　　　完　成　品　　　　6,100kg

材料は、製造の着手のときにすべて投入されている。

仕　　掛　　品

前 月 繰 越	（　　　）	製　　　　品	（　　　）
材　　　　料	（　　　）	次 月 繰 越	（　　　）
諸　　　口	（　　　）		
	（　　　）		（　　　）
前 月 繰 越	（　　　）		

問題 **6**　**勘定記入**

基本 ★★★★★ check!

→ 解答・解説 P.29

日付 / / /

▼株式会社池袋製作所では電機メーカー向けに電子機器部品Ａを製造、販売している。下記の10月の資料を参照して、解答用紙の各勘定への記入を行いなさい。

【資　料】

1．月初仕掛品は300個、仕上り程度は50％であり、直接材料費は408,300円、加工費は247,830円である。

2．材料費について

(1)　部品Ａの製造に使用する素材につき、当月の受け入れ（すべて掛購入）および払出しは以下のとおりであった。なお、次月繰越額は月次総平均法によって計算している。

10/1	前月繰越	400 kg	@680 円	272,000 円
10/3	材料購入	2,800 kg	@712 円	1,993,600 円
10/6	材料消費	1,600 kg		
10/17	材料消費	1,300 kg		

(2)　補助材料につき、当月の受け入れ（すべて掛購入）は420,000円、払出しは340,000円であった。なお、前月繰越額はなかった。

3．労務費について

(1)　直接工に支払われる当月の基本給と加給金は1,500,000円であり、当月の延べ作業時間は1,000時間である。このうち、直接作業時間は850時間であり、それ以外は間接作業時間および手待時間であった。なお、前月未払分が120,000円、当月未払分が150,000円ある。

(2)　間接工および事務員への当月の賃金給料支給総額は360,000円であり、前月未払分が65,000円、当月未払分が45,000円ある。

4．経費について

(1)　当月の水道光熱費の請求額は235,000円であるが、前月未払分が50,000円、当月未払分が60,000円ある。

(2)　保険料（年額600,000円）と減価償却費（年額816,000円）の当月分を計上する。

5．部品Ａの当月完成品は1,300個、月末仕掛品は500個である。なお、月末仕掛品の仕上り程度は80％である。

6．当社では、月末仕掛品原価は先入先出法によって計算している。

7．素材は工程の始点ですべて投入されるとみなして計算する。

8．当月の部品Ａの販売量は900個であり、残りは倉庫に保管している。なお、すべて掛販売で、販売価格は@4,200円であった。また、前月繰越額はなかった。

材　　料

前 月 繰 越	（　　　　）	仕 掛 品	（　　　　）
〔　　　　〕	（　　　　）	〔　　　　〕	（　　　　）
		次 月 繰 越	（　　　　）
	（　　　　）		（　　　　）

賃　金　給　料

諸　　　　口	（　　　　）	前 月 未 払 額	（　　　　）
当 月 未 払 額	（　　　　）	〔　　　　〕	（　　　　）
		製 造 間 接 費	（　　　　）
	（　　　　）		（　　　　）

経　　　費

水 道 光 熱 費	（　　　　）	〔　　　　〕	（　　　　）
保 　険 　料	（　　　　）		
減 価 償 却 費	（　　　　）		
	（　　　　）		（　　　　）

製　造　間　接　費

材 　　料	（　　　　）	〔　　　　〕	（　　　　）
〔　　　　〕	（　　　　）		
経 　　費	（　　　　）		
	（　　　　）		（　　　　）

仕　　掛　　品

前 月 繰 越	（　　　　）	製 　　品	（　　　　）
〔　　　　〕	（　　　　）	〔　　　　〕	（　　　　）
賃 金 給 料	（　　　　）		
製 造 間 接 費	（　　　　）		
	（　　　　）		（　　　　）

製　　　品

〔　　　　〕	（　　　　）	売 上 原 価	（　　　　）
		次 月 繰 越	（　　　　）
	（　　　　）		（　　　　）

売　上　原　価

〔　　　　〕	（　　　　）		

売　　　上

		〔　　　　〕	（　　　　）

Chapter 5 個別原価計算

Section 1 個別原価計算の方法

 指図書別原価の計算

基本 ★☆☆☆☆ check!

→ 解答・解説 P.32

日付	/	/	/
✓			

▼次の資料によって、(1)直接作業時間を基準にした場合と、(2)機械運転時間を基準にした場合による製造指図書ごとの製造間接費配賦額と製造原価を求めなさい。

（資　料）

①製造間接費総額　252,000円

②製造指図書別のデータ

	直接材料費	直接労務費	直接作業時間	機械運転時間
製造指図書＃1	80,000円	100,000円	125時間	80時間
製造指図書＃2	60,000円	180,000円	225時間	250時間
製造指図書＃3	100,000円	200,000円	250時間	120時間
合　計	240,000円	480,000円	600時間	450時間

(1)直接作業時間基準　　　　　　　　　（単位：円）

	製造間接費配賦額	製造原価
＃1		
＃2		
＃3		

(2)機械運転時間基準　　　　　　　　　（単位：円）

	製造間接費配賦額	製造原価
＃1		
＃2		
＃3		

指図書別原価計算表の作成①

▼当社では、実際個別原価計算制度を採用している。次の資料にもとづいて指図書別原価計算表および仕掛品勘定の記入を行いなさい。

（資　料）

①当月の材料実際消費高は、次のとおりである。

　　直接材料費　　1,800,000円（指図書＃10　500,000円、＃11　700,000円、＃12　600,000円）

　　間接材料費　　423,000円

②当月の労務費実際消費高は、次のとおりである。

　　直接労務費　　2,680,000円（指図書＃10　915,000円、＃11　830,000円、＃12　935,000円）

　　間接労務費　　706,000円

③当月の経費実際消費高は、次のとおりである。

　　間接経費　　311,000円

④製造間接費を、次のとおり各製品に配賦する。

　　製造間接費配賦額

　　　1,440,000円（指図書＃10　400,000円、　＃11　540,000円、　＃12　500,000円）

⑤指図書はすべて当月中に発行したものであり、うち指図書＃12のみ未完成である。

指図書別原価計算表　　　　　　　　　　　（単位：円）

摘　要	＃10	＃11	＃12	合　計
直接材料費				
直接労務費				
製造間接費				
合　計				
備　考				

仕　掛　品　　　　　　　（単位：円）

材　料	（　　　）	製　品	（　　　）
賃　金	（　　　）	次月繰越	（　　　）
製造間接費	（　　　）		
	（　　　）		（　　　）

指図書別原価計算表の作成②

基本　★☆☆☆☆　check!

➡ 解答・解説 P.34

日付	／	／	／
✓			

▼当社では、受注生産を行っており、実際個別原価計算制度を採用している。次の資料にもとづき、当月（7月）の指図書別原価計算表および仕掛品勘定への記入を行いなさい。

【資料】

1．月初仕掛品原価
   No.1001　　　　　168,000円

2．当月の直接材料費（実際消費額）
   No.1001　　　　　 28,000円
   No.1002　　　　　112,000円
   No.1003　　　　　140,000円

3．当月の直接労務費（実際消費額）
   No.1001　　　　　 35,000円
   No.1002　　　　　 78,400円
   No.1003　　　　　 98,000円

4．当月の製造間接費（実際発生額）
   当月の製造間接費実際発生額は、次のとおり各製品に配賦する。
   No.1001　　　　　 44,800円
   No.1002　　　　　106,400円
   No.1003　　　　　123,200円

5．当月末において、No.1003のみ未完成である。

指図書別原価計算表　　　　　　　　（単位：円）

摘　　要	No.1001	No.1002	No.1003	合　　計
月初仕掛品原価				
直 接 材 料 費				
直 接 労 務 費				
製 造 間 接 費				
合　　計				
備　　考				

仕　掛　品　　　　　　　（単位：円）

月初仕掛品	（　　　　）	当月完成品	（　　　　）
直接材料費	（　　　　）	月末仕掛品	（　　　　）
直接労務費	（　　　　）		
製造間接費	（　　　　）		
	（　　　　）		（　　　　）

応用 ★★★☆☆ check!
→ 解答・解説 P.34

日付	/	/	/
✓			

▼次の５月の資料にもとづき、指図書別原価計算表を完成させ、月末仕掛品原価、月末製品原価を求めなさい。

【資料】

１．当月の生産状況（すべて当月に作業を開始した）

製造指図書	製品名	注文量	完　成　量
No.501	X製品	140台	100台
No.502	Y製品	120台	120台（未引渡）
No.503	Z製品	180台	180台（引渡済）

２．当月の製造原価

(1)直接材料費

５月の材料元帳は、以下の通りである。

材　料　元　帳　　　　　　　（単位：円）

日付		摘要	受　入			払　出			残　高		
			数量	単価	金額	数量	単価	金額	数量	単価	金額
5	1	前 月 繰 越	100	411	41,100				100	411	41,100
	8	仕　　　入	900	421	378,900				1,000	420	420,000
	10	出庫（No.501）				200	420	84,000	800	420	336,000
	18	仕　　　入	200	430	86,000				1,000	422	422,000
	21	出庫（No.502）				400	422	168,800	600	422	253,200
	24	出庫（No.503）				440	422	185,680	160	422	67,520
	31	次 月 繰 越				160	422	67,520			
			1,200		506,000	1,200		506,000			
6	1	前 月 繰 越	160	422	67,520						

(2)直接労務費

実　際　賃　率　　@1,400円

実際作業時間　No.501（40時間）　No.502（60時間）　No.503（80時間）

(3)製造間接費

実　際　発　生　額　75,600円

なお、製造間接費は直接労務費を基準に配賦する。

指図書別原価計算表　　　　　　（単位：円）

摘　　　要	No.501	No.502	No.503	合　　　計
直 接 材 料 費				
直 接 労 務 費				
製 造 間 接 費				
合　　　計				

月末仕掛品原価 ＿＿＿＿＿＿＿＿ 円

月末製品原価 ＿＿＿＿＿＿＿＿ 円

勘定記入①

→解答・解説 P.35

▼全経工場では、実際個別原価計算を行っている。次の資料にもとづいて仕掛品勘定
および製品勘定を完成させなさい。

(資　料)

1．各製造指図書に関するデータは、次のとおりである。

製造指図書	直接材料費	直接労務費	製造間接費	備　　考
No.110	820,000円	150,000円	600,000円	前月着手・完成、当月引渡
No.120				前月着手、当月完成・引渡
前月	650,000円	129,000円	510,000円	
当月	770,000円	30,000円	120,000円	
No.130	1,380,000円	190,000円	750,000円	当月着手・完成、当月末未引渡
No.140	?	135,500円	540,000円	当月着手、当月末未完成

2．当月における直接材料の在庫増減は、次のとおりであった。

月初在庫量	400個	(@1,986円)
当月購入量	1,600	(@1,991円)
計	2,000個	
当月消費量	1,750	
月末在庫量	250個	

3．直接材料の消費価格は、平均法を用いて計算している。

```
                          仕    掛    品            (単位：円)
  月 初 有 高    (          )   当 月 完 成 高   (          )
  当月製造費用:                 月 末 有 高   (          )
    直 接 材 料 費  (          )
    直 接 労 務 費  (          )
    製 造 間 接 費  (          )
    当月製造費用計  (          )
                   (          )              (          )
```

```
                          製         品           (単位：円)
  月 初 有 高    (          )   売 上 原 価   (          )
  当 月 完 成 高  (          )   月 末 有 高   (          )
                   (          )              (          )
```

▼全経製作所は、実際個別原価計算を行っている。次に示した同社の資料にもとづき、解答用紙の仕掛品勘定と製品勘定の（　）内に適切な金額を記入しなさい。なお、仕訳と元帳転記は月末にまとめて行っている。

（資　料）

製造指図書別着手・完成・引渡記録

製造指図書番号	製造着手日	完成日	引渡日
101	5 /22	6 /28	7 /2
102	6 /10	7 /10	7 /12
103	6 /24	7 /16	7 /18
104	7 /10	7 /30	8 /5
105	7 /19	8 /2	8 /5

6月末時点の原価計算表の要約　　　　（単位：円）

製造指図書番号	直接材料費	直接労務費	製造間接費	合　　計
101	560,000	1,400,000	2,100,000	4,060,000
102	280,000	1,680,000	2,520,000	4,480,000
103	420,000	420,000	630,000	1,470,000

7月末時点の原価計算表の要約　　　　（単位：円）

製造指図書番号	直接材料費	直接労務費	製造間接費	合　　計
101	560,000	1,400,000	2,100,000	4,060,000
102	280,000	1,960,000	2,940,000	5,180,000
103	420,000	1,120,000	1,680,000	3,220,000
104	700,000	1,700,000	2,600,000	5,000,000
105	840,000	280,000	420,000	1,540,000

仕　掛　品　　　　　　　（単位：円）

7 /1	月初有高（　　　）	7 /31	当月完成高（　　　）
7 /31	直接材料費（　　　）	〃	月末有高（　　　）
〃	直接労務費（　　　）		
〃	製造間接費（　　　）		
	（　　　）		（　　　）

製　　品　　　　　　　（単位：円）

7 /1	月初有高（　　　）	7 /31	売上原価（　　　）
7 /31	当月完成高（　　　）	〃	月末有高（　　　）
	（　　　）		（　　　）

解答・解説編

Chapter 1
生産業簿記の中の工業簿記

工業簿記とは

問題 1 **商業簿記と工業簿記①**

解答

① 二　② イ　③ ロ　④ ハ

解説

商業簿記と工業簿記の違いについての出題です。
　工業簿記は文字どおり、工業を営む企業（製造業）で用いられる
簿記であり、製造業の特徴は製造活動を行う点にあります。

テキスト p.1-2
参照

問題 2 **商業簿記と工業簿記②**

解答

① 記録　② 報告　③ 計算　※　①と②は順不同。

解説

工業簿記と原価計算との関係についての出題です。

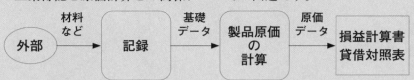

| 工業簿記 | 原価計算 | 工業簿記 |

　工業簿記も商業簿記と同じく、取引を「記録」し、必要な「計算」を
行い、その結果を損益計算書や貸借対照表といった財務諸表で「報告」
します。このうち、「記録と報告」は主に『工業簿記』の役目であり、『原
価計算』は主に「計算」を役目とします。

テキスト p.1-3
参照

問題 3 製造原価

解 答

製 造 原 価	ア、ウ、エ

解 説

　まだ学習をはじめたばかりですから、下記に従い、ざっくりと分類できるようにしておきましょう。

製 造 原 価：	製品の製造にかかった原価
販 売 費：	製品の販売にかかった原価
一般管理費：	企業活動全般の管理にかかった原価

　本社で発生した費用は、一般管理費となります。「本社〜」とあったら一般管理費です。同じ電気代でも、本社の電気代は一般管理費、工場の電気代は製造原価となります。

テキスト p.1-4
参照

> **コラム　わかった気になっちゃいけない！**
>
> 実力がつく問題の解き方をお伝えしましょう。
>
> ① **まず、とにかく解く**
> 　このとき、自信がないところも想像を働かせて、できる限り解答用紙を埋める。
>
> ② **次に、採点をして解説を見る**
> 　このとき、自分が解答できなかったところまで含めて、すべての解説に目を通しておく。
> 　ここでわかった気になって、次の問題に行くと、これまでの努力が水泡に帰す。
> 　分かった気になっただけでは、試験での得点にはならない。
> 　だから、これをやってはいけない！
>
> ③ **すぐに、もう一度"真剣に"解く。**
> 　ここで、わかっているからと気を抜いて解いてはいけない。
> 　真剣勝負で解く。そうすればわかっている所は、頭に定着するし、わかっていないところも「わかっていない」ことがはっきりする。
>
> ④ **最後に、わかっていないところを復習しておく。**
>
> 　つまり、勉強とは「自分がわかっている所と、わかっていないところを峻別する作業」なのです。
> 　こうして峻別して、わかっていないところをはっきりさせておけば、試験前の総復習もしやすく、確実に実力をつけていくことができますよ。

Chapter 2
工業簿記のアウトライン

工場で製品が作られるまで

問題 1　購入から販売まで

解答

（単位：円）

	借　方　科　目	金　額	貸　方　科　目	金　額
(1)	材　　　　　料	8,000	買　　掛　　金	8,000
(2)	仕　　掛　　品	6,000	材　　　　　料	6,000
(3)	製　　　　　品	14,000	仕　　掛　　品	14,000
(4)	売　　掛　　金	20,000	売　　　　　上	20,000
	売　上　原　価	12,000	製　　　　　品	12,000

テキスト p.2-2 〜 4
参照

Section
2

製造原価の分類

問題 2　製造原価の分類①

解答

①　材料費＿＿ハ＿＿　　労務費＿＿ロ＿＿　　経　費＿＿イ＿＿

②　製造直接費＿＿イ＿＿　　製造間接費＿＿ロ＿＿

解説

①工程で原価財を消費すると製造原価が発生します。そこで、製造原価は、どのような原価財の対価であるかによって本問のように分類できます[01]。

②製造原価は製品との関連で、さらに本問のように分類することもできます[02]。

01)
これを原価の形態別分類といいます。
02)
これを製品との関連による分類といいます。

テキスト p.2-6 〜 7
参照

問題 3 製造原価の分類②

解 答

①	エ	②	オ	③	エ	④	カ	⑤	イ	⑥	ア
⑦	カ	⑧	ウ								

テキスト p.2-7
参照

問題 4 製造原価の分類③

解 答

①　　__2,100__ 円　②　　__200__ 円　③　　__100__ 円

解 説

　原価の分類を計算問題の形で出題しました。計算を通じて原価の分類を把握してください。

　　① 3,000円 − (500円 + 400円) = 2,100円
　　② 2,100円 − (400円 + 600円 + 900円) = 200円
　　③ 900円 − (600円 + 200円) = 100円

テキスト p.1-4、2-7
参照

解答

(1) 製造間接費 __420,000__円   (3) 製 造 原 価 __1,050,000__円
(2) 製造直接費 __630,000__円   (4) 1個あたりの製造原価 __525__円

解説

(1)製造間接費

$$\underset{\text{間接材料費}}{120,000\text{円}} + \underset{\text{間接労務費}}{60,000\text{円}} + \underset{\text{間接経費}}{240,000\text{円}} = 420,000\text{円}$$

(2)製造直接費

$$\underset{\text{直接材料費}}{360,000\text{円}} + \underset{\text{直接労務費}}{260,000\text{円}} + \underset{\text{直接経費}}{10,000\text{円}} = 630,000\text{円}$$

(3)製造原価

$$\underset{(1)\text{より}}{420,000\text{円}} + \underset{(2)\text{より}}{630,000\text{円}} = 1,050,000\text{円}$$

(4)1個あたりの製造原価

$$1,050,000\text{円} \div 2,000\text{個} = @\,525\text{円}$$

テキスト p.2-7
参照

コラム 必然的な偶然

『必然的な偶然』という話をしましょう。

実は、幸運にも合格した人は口を揃えてこう言います。

『いやー、たまたま前の日に見たところが出てねー、それができたから…』とか、『いやー、たまたま行く途中に見たところが出てねー、それができたから…』と、いかにも偶然に運がよかったかのように。

しかし、私から見るとそれは偶然ではなく、必然です。前の日に勉強しなかったら、試験会場に行く途中に勉強しなかったら、その幸運は起こらなかったのですから。

つまり、最後まで諦めなかった人だけが最後の幸運を手にできる必然性があるということだと思います。

みなさんも諦めずに、最後まで可能性を追求してくださいね。

Chapter 3
費目別計算

Section 1 材料費会計

問題 1 材料費の分類

解答

① 二　② ロ　③ イ　④ ホ　⑤ ハ

※　①と②、および③〜⑤はそれぞれ順不同。

解説

本問は材料費計算を行うにあたり、最も基本となる概念を出題したものです。確実におさえてください。

テキスト p.3-2
参照

問題 2 材料の購入

解答

（単位：円）

借 方 科 目	金 額	貸 方 科 目	金 額
材　　料	205,000	買　掛　金	200,000
		現　　金	5,000

解説

材料を購入したときの購入原価は、材料そのものの価格の他、運賃も含まれます。

テキスト p.3-4
参照

問題 3 先入先出法と平均法

解 答

(A) 先入先出法
材料棚卸減耗費 *850* 円　材料費 *4,050* 円
(B) 平均法
材料棚卸減耗費 *730* 円　材料費 *4,380* 円

解 説

1. 先入先出法

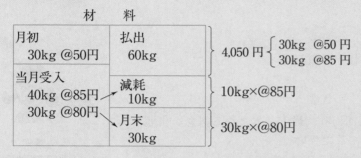

棚卸減耗：(30kg + 40kg + 30kg) − (60kg + 30kg) = 10kg
棚卸減耗費も材料の払出しと同じように考えます。
　月末材料は最終受入れと同じ数量ですので、最終受入れ単価 @80円で計算します。棚卸減耗10kgはその前の受入れ単価 @85円で計算します。材料費(払出額)は差額で求めるとよいでしょう。

2. 平均法(総平均法)

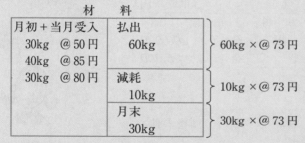

合計数量：100kg
合計金額：@50円×30kg + @85円×40kg + @80円×30kg
　　　　　= 7,300円
平均単価：7,300円÷100kg = @73円

テキスト p.3-5 〜 6
参照

問題 **4**　実際消費量の計算

解答

材　　料

前 月 繰 越	（ 200,000 ）	当月消費高	
当 月 仕 入 高	（ 5,800,000 ）	仕 掛 品	（ 3,200,000 ）
		製 造 間 接 費	（ 1,000,000 ）
		次 月 繰 越	（ 1,800,000 ）
	（ 6,000,000 ）		（ 6,000,000 ）

解説

1．当月仕入高
　　＠4,000円×1,100個＋1,400,000円＝5,800,000円

2．当月消費高
　　仕 掛 品：＠4,000円×800個＝3,200,000円
　　製造間接費：200,000円＋1,400,000円－600,000円＝1,000,000円
　　　　　　　　　　月初　　　　　　当月　　　　　　　月末

テキスト p.3-7
参照

問題 **5**　材料の動き

解答

（単位：円）

		借 方 科 目	金 額	貸 方 科 目	金 額
(1)		材　　　　　料	102,000[01]	買 　掛 　金	100,000
				現　　　　　金	2,000
(2)	①	材　　　　　料	50,000	買 　掛 　金	50,000
	②	材　　　　　料	15,000	買 　掛 　金	15,000
	③	材　　　　　料	10,000	現　　　　　金[02]	10,000
	④	仕 　掛 　品	49,000	材　　　　　料	49,000
	⑤	製 造 間 接 費	3,000	材　　　　　料	3,000
	⑥	製 造 間 接 費	2,500	材　　　　　料	2,500

01)
購入原価＝購入代価
（送状価額）＋引取運
賃

02)
掛けではなく現金購
入しています。

解 説

(1) 材料の購入原価は、購入代価（送状価額）に引取りに要した費用を加えた金額になります。

(2) ④の素材費と買入部品費は直接材料費であるため、材料勘定から仕掛品勘定へ振り替えます。

　⑤の工場消耗品費は間接材料費であるため、材料勘定から製造間接費勘定へ振り替えます。

　⑥の材料棚卸減耗費のうち、通常発生する程度のものは間接経費であるため、材料勘定から製造間接費勘定へ振り替えます。

材料棚卸減耗費　＠500円×（20個－15個）＝2,500円

テキスト p.3-8
参照

問題 6　材料の投入と返品

解 答

（単位：円）

	借　方　科　目	金　　額	貸　方　科　目	金　　額
①	材　　　　　料	80,000	買　　掛　　金	80,000
②	買　　掛　　金	8,000	材　　　　　料	8,000
③	仕　　掛　　品	72,000	材　　　　　料	72,000
④	材　　　　　料	4,000	仕　　掛　　品	4,000

解 説

　材料を仕入先に返品したときと生産現場から戻されたときとの処理を混同しないように注意が必要です。

　仕入先に返品したときは仕入れたときの処理と反対の仕訳をします。

　生産現場から戻されたときは、生産現場に払い出したときの処理と反対の仕訳をします。

払出時

（借）仕　掛　品　72,000*　（貸）材　　　料　72,000

＊（100個－10個）×＠800円＝72,000円

戻り時

（借）材　　　料　4,000*　（貸）仕　掛　品　4,000

＊5個×＠800円＝4,000円

テキスト p.3-11
参照

Section 2　労務費会計

問題 7　労務費の分類

【解 答】

① ㋩　　② ㋠　　③ ㋑　　④ ㋥　　⑤ ㋬　　⑥ ㋺
⑦ ㋣　　⑧ ㋭

※　②と③、および④～⑧はそれぞれ順不同。

【解 説】

　本問は労務費計算を行うにあたり、最も基本となる分類を出題
したものです。確実におさえてください。

テキスト p.3-13、3-17
参照

問題 8　賃金の支払いと消費

（単位：円）

	借 方 科 目	金 額	貸 方 科 目	金 額
①	未 払 賃 金[01]	150,000	賃　　　　金	150,000
②	賃　　　　金	1,200,000	現　　　　金	1,200,000
③	仕 掛 品	849,000	賃　　　　金	1,230,000
	製 造 間 接 費	381,000		
④	賃　　　　金	180,000	未 払 賃 金	180,000

01)
未払賃金勘定は負債
です。

賃　　　　　　金　　（単位：円）

②（現　　　　金）（ 1,200,000)	①（未 払 賃 金）（ 150,000)
④（未 払 賃 金）（ 180,000)	③（諸　　　　口）（ 1,230,000)
（ 1,380,000)	（ 1,380,000)

未　　払　　賃　　金　　（単位：円）

①（賃　　　　金）（ 150,000)	前 月 繰 越 （ 150,000)
（次 月 繰 越）（ 180,000)	④（賃　　　　金）（ 180,000)
（ 330,000)	（ 330,000)

1. 未払賃金の処理

月初の未払賃金については再振替仕訳をし、月末の未払賃金については見越計上をします。

2. 賃金の消費

直接労務費分（849,000円）は仕掛品勘定へ、間接労務費分（381,000円）は製造間接費勘定へ振り替えます。

3. 当月賃金未払額の推定

当月支払額	1,200,000円	
（－）前月未払額	150,000円	
（＋）当月未払額	? 円	
当月消費額	1,230,000円	

$$1,200,000円 － 150,000円 ＋ ? 円 ＝ 1,230,000円$$
$$? 円 ＝ 180,000円（当月未払額）$$

テキスト p.3-15
参照

問題 **9** **消費賃金の計算**

解　答

直接労務費	203,100 千円
間接労務費	179,300 千円

解　説

直接工賃金のうち、直接作業分だけが直接労務費になります。間接作業分は間接労務費になります。また、その他のうち福利施設負担額は労務費ではなく、間接経費になります。
なお、賃金は未払分を調整した要支払額を消費賃金とすることに注意しましょう。

直接労務費 → 直接工直接作業分：200,000千円＋24,000千円－20,900千円＝ 203,100千円

間接労務費	直接工間接作業分：100,000千円＋13,000千円－14,600千円＝	98,400千円
	間接工賃金 　：70,000千円＋10,080千円－ 9,980千円＝	70,100千円
	従業員賞与 　： ＝	5,000千円
	法定福利費 　： ＝	2,800千円
	アルバイト給料 ： ＝	3,000千円
		179,300千円

テキスト p.3-16～17
参照

問題 10 賃金の消費

解答

（単位：円）

借方科目	金　額	貸方科目	金　額
Ａ 仕 掛 品	33,000	賃　　金	64,000
Ｂ 仕 掛 品	22,000		
製 造 間 接 費	9,000		

解説

　加工時間と段取時間の賃金は仕掛品勘定に振り替え、間接作業時間と手待時間の賃金は製造間接費に振り替えます。

テキスト p.3-16 〜 17
参照

費目別計算

Chapter 3

コラム　解答用紙は間違えるための場所

　解答用紙に、せっせと正解を書き写す人がいる。

　これは「教科書後遺症」で、小中高と使ってきた教科書に、正解が記載されていない（先生が正解を披露する）問題が多くあり、それを復習するためには正解を書き写さざるを得なかったことに起因している（と思っている）。

　しかし、この本には、正解があるので、そんな必要はまったくない。
　正解を書くなど、まったくナンセンスなことなのである。

　なら、解答用紙は何のためにあるのか。
　解答用紙は"間違えるための場所"として、存在しているのである。

　「こうかな？」と思ったことは、必ず解答用紙に書く。
　書いて、正解なら嬉しくて覚えるし、不正解ならしっかりと赤ペンで×をつけ、そこに「正しくはこう考える」といった『正解を導くための思考方法』や、「電卓の打ち間違え」などといった『間違えた理由』を書いておく。こうしておけば（正解したときよりもさらに）確実に理解し、マスターできる。

　さらに、この解答用紙が自動的に『間違いノート』になってくれる。

　"×より○が大切なのは本試験だけ"
　本試験までは、どんどん解答用紙に書き込み、どんどん間違えよう！
　それが、本試験での○につながり、みなさんを合格に導きます。

　さぁ〜！行け〜！

Section 3 経費会計

問題 11 経費の分類①

解 答

① ＜ヘ＞[01]　② ＜ロ＞[01]　③ ＜イ＞　④ ＜ハ＞　⑤ ＜ニ＞　⑥ ＜ホ＞

⑦ ＜ト＞

※　①と②、および③〜⑦はそれぞれ順不同。

解 説

　経費の直接費・間接費分類を出題しました。間接経費にはこの
他に、賃借料、租税公課、ガス代、水道料、電力料、保険料、福
利施設負担額、保管料、雑費等があります。

01)
外注加工賃および特
許権使用料が直接経
費であることをおさ
えれば、あえて間接
経費を全部覚える必
要はありません。

テキスト p.3-19
参照

問題 12 経費の分類②

解 答

① ＿月割＿　② ＿発生＿　③ ＿支払＿　④ ＿測定＿

解 説

　実際発生額の把握方法という観点からの間接経費の分類です。
4つの分類と、それぞれについての例示もおさえてください。

テキスト p.3-20
参照

問題 13 経費の処理

解答

特許権使用料	*14,500*円	支 払 家 賃	*41,900*円
通 信 費	*38,000*円	保 管 料	*44,900*円
修 繕 費	*39,000*円		

解説

当月支払額に対して、加算すべき金額（前月前払額、当月未払額）と減算すべき金額（前月未払額、当月前払額）の区別を正確に行ってください[02]。

特許権使用料

14,000円 ＋ 1,000円 － 500円 ＝14,500円

支払家賃

42,000円 － 800円 ＋ 700円 ＝41,900円

通信費

36,000円 ＋ 800円 ＋ 1,200円 ＝38,000円

保管料

48,000円 － 1,500円 － 1,600円 ＝44,900円

修繕費

39,000円 ＋ 400円 － 200円 － 800円 ＋ 600円 ＝39,000円

[02]
本問とは逆に当月消費額から当月支払額を求めるパターンも考えられます。この場合、加算と減算の関係は逆になります。混乱したら、費用の見越し、繰延べの仕訳を考えてみましょう。

テキスト p.3-20
参照

参考に修繕費の計算を仕訳で示すと下記のとおりです。

1. 当 月 支 払 額 （借）修 繕 費 39,000 （貸）現 金 等 39,000
2. (1)前月前払分の再振替 （借）修 繕 費 400 （貸）前払修繕費 400
   (2)前月未払分の再振替 （借）未払修繕費 200 （貸）修 繕 費 200
3. (1)当月前払分（繰延べ）（借）前払修繕費 800 （貸）修 繕 費 800
   (2)当月未払分（見越し）（借）修 繕 費 600 （貸）未払修繕費 600

修繕費

当月支払	前月未払分
39,000 円	200 円
	当月前払分
	800 円
前月前払分	
400 円	当月消費額
当月未払分	39,000 円
600 円	

問題 14 経費の発生・消費①

テキスト p.3-20 ～ 21
参照

解答

(単位：円)

	借 方 科 目	金 額	貸 方 科 目	金 額
1	仕　　掛　　品	60,000	材　　　　　料	60,000
2	仕　　掛　　品	15,000	買　　掛　　金	15,000
3	製 造 間 接 費	20,000	材　　　　　料	20,000
4	製 造 間 接 費	80,000	機械減価償却累計額	80,000
5	製 造 間 接 費	200,000	未 払 電 力 料	200,000

解説

(1)材料を製造工程に入れるため、仕掛品勘定に振り替えます。

(2)材料加工のために支払う外注加工賃により、仕掛品の価値が増加するため、仕掛品勘定で処理します。

(3)材料の減耗分は、費用を負担すべき製品が特定できないため、製造間接費に振り替えます。

(4)機械減価償却費は、費用を負担すべき製品が特定できないため、製造間接費として計上します。なお、当月分を計算するために、年間見積額を12カ月で割ります。

(5)電力料は費用を負担すべき製品が特定できないため、製造間接費として計上します。

問題 15 経費の発生・消費②

テキスト p.3-20 ～ 21
参照

解答

(単位：円)

	借 方 科 目	金 額	貸 方 科 目	金 額
(1)	仕　　掛　　品	35,000	当 座 預 金	35,000
(2)	製 造 間 接 費	50,000	修 繕 引 当 金	50,000
(3)	製 造 間 接 費	64,000	未 払 電 力 料	64,000

解説

(3)20,000円 + 2 円/kWh × 22,000kWh = 64,000円

Section **4** 製造間接費会計

問題 **16** **製造間接費の配賦**

解答

（単位：円）

借方科目	金　額	貸方科目	金　額
A 仕 掛 品	300,000	製造間接費	500,000
B 仕 掛 品	200,000		

製造間接費

諸　口　500,000 〔A仕掛品〕（300,000）
　　　　　　　　〔B仕掛品〕（200,000）

A 仕 掛 品

〔製造間接費〕（300,000）

B 仕 掛 品

〔製造間接費〕（200,000）

解説

製造間接費　配賦　A製品
500,000 円　　　500,000 円 × 60% = 300,000 円

　　　　　　　　B製品
　　　　　　　　500,000 円 × 40% = 200,000 円

各製品への配賦額を仕掛品勘定に振り替えます。

テキスト p.3-24
参照

17 費目別計算のまとめ

解答

	素　　　　材		（単位：万円）
期　首　有　高	200	〔直 接 材 料 費〕	（ 3,650）
購　入　代　価	（ 3,600）	期　末　有　高	（ 240）
〔引　取　費　用〕	（ 100）	正常棚卸減耗費	（ 10）
	3,900		3,900

	賃　金　・　手　当		（単位：万円）
当 期 支 給 総 額	2,600	〔前 期〕未 払 高	（ 610）
〔当 期〕未 払 高	（ 592）	〔直 接 労 務 費〕	（ 2,200）
		直接工間接賃金	370
		手　待　賃　金	12
	（ 3,192）		（ 3,192）

	製　造　間　接　費		（単位：万円）
間　接　材　料　費	（ 480）	〔仕　　掛　　品〕	（ 2,150）
間　接　労　務　費	（ 970）		
間　接　経　費	（ 700）		
	2,150		2,150

	仕　　掛　　品		（単位：万円）
期　首　有　高	200	当 期 完 成 高	8,000
直　接　材　料　費	（ 3,650）	期　末　有　高	500
直　接　労　務　費	（ 2,200）		
直　接　経　費	（ 300）		
製　造　間　接　費	（ 2,150）		
	8,500		8,500

解 説

原価要素別データから勘定記入する問題です。以下に勘定連絡図を示しておきます。

素 材

期 首 200万円	消費額 3,650万円
仕 入⁰¹⁾ 3,700万円	減 耗 10万円
	期 末 240万円

仕 掛 品

期 首 200万円	完成品 8,000万円
直接材料費 3,650万円	
直接労務費 2,200万円	
直接経費⁰²⁾ 300万円	
製造間接費 2,150万円	期 末 500万円

賃金・手当

支 払 2,600万円	前期未払 610万円
	直接工賃金 2,200万円
当期未払 592万円	直接工の間接労務費 382万円

製造間接費

間接材料費*1 480万円	配賦額 2,150万円
間接労務費*2 970万円	
間接経費*3 700万円	

01)
素材は、解答用紙に購入代価と明記されていることから、引取費用を分けて記入することに注意します。
02)
外注加工賃は直接経費として処理します。

* 1　間接材料費
2．工場補修用鋼材　20万円＋200万円－18万円＝202万円
6．製造用切削油、機械油などの当期消費額　　　　155万円
9．耐用年数1年未満の製造用工具と測定器具　　　123万円
　　　　　　　　　　　　　　　　　　　　　　　480万円

* 2　間接労務費
4．機械工および組立工賃金　370万円＋12万円＝382万円
5．工場の修理工賃金　当期要支払額　　　　　　　230万円
7．工場倉庫係の賃金　当期要支払額　　　　　　　186万円
8．製造関係の事務職員給料　当期要支払額　　　　172万円
　　　　　　　　　　　　　　　　　　　　　　　970万円

* 3　間接経費
1．棚卸減耗費⁰³⁾　　　　　　　　　　　　　　　　10万円
3．工場固定資産税　　　　　　　　　　　　　　　 20万円
10．工具用住宅、託児所など福利施設負担額　　　　45万円
11．工場の運動会費　　　　　　　　　　　　　　　 5万円
13．工場電力料・ガス代・水道料　　　　　　　　 120万円
14．工場減価償却費　　　　　　　　　　　　　　 500万円
　　　　　　　　　　　　　　　　　　　　　　　700万円

03)
棚卸減耗費は間接材料費ではなく、間接経費であることに注意します。

テキスト p.3-2～24 参照

工業簿記の勘定連絡

問題
18 工業簿記の流れ

解 答

(1)	(借)	〔材　　　　料〕	2,400	(貸)	買　掛　金	2,400
(2)	(借)	〔仕　掛　品〕	(1,000)	(貸)	材　　料	1,800
		〔製 造 間 接 費〕	(800)			
(3)	(借)	〔賃　　　金〕	5,000	(貸)	現　　金	(4,400)
					〔預　り　金〕	(600)
(4)	(借)	仕　掛　品	3,600	(貸)	賃　　金	5,000
		〔製 造 間 接 費〕	(1,400)			
(5)	(借)	〔経　　　費〕	1,600	(貸)	〔当 座 預 金〕	1,600
(6)	(借)	〔仕　掛　品〕	1,000	(貸)	経　　費	1,600
		〔製 造 間 接 費〕	600			
(7)	(借)	〔仕　掛　品〕	2,800	(貸)	〔製 造 間 接 費〕	2,800
(8)	(借)	〔製　　　品〕	6,000	(貸)	〔仕　掛　品〕	6,000
(9)	(借)	売　掛　金	(11,000)	(貸)	売　　上	(11,000)
	(借)	〔売 上 原 価〕	6,000	(貸)	〔製　品〕	6,000

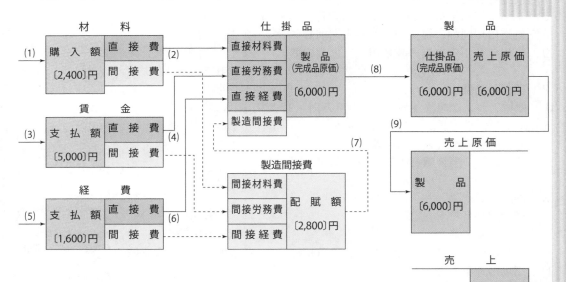

テキスト p.3-25 ～ 29
参照

Chapter 4
総合原価計算

Section 1　総合原価計算の方法

 問題 1 月初仕掛品がない場合

解答

総合原価計算表　　　　　（単位：円）

摘　　要	材　料　費	加　工　費	合　　　計
月初仕掛品原価	0	0	0
当月製造費用	504,600	425,600	930,200
合　　　計	504,600	425,600	930,200
月末仕掛品原価	69,600	25,600	95,200
完成品総合原価	435,000	400,000	835,000
完成品単位原価	@ 87	@ 80	@ 167

 解説

1．完成品総合原価および月末仕掛品原価の計算

仕　掛　品

	当 月 投 入	完 成	
504,600円	5,800 個	5,000 個	435,000円　*1
（ 425,600円 ）	（ 5,320 個 ）[01)	（ 5,000 個 ）	（ 400,000円 ）　*3
		月 末	
		800 個	69,600円　*2
		（ 320 個 ）[02)	（ 25,600円 ）　*4

(1)材料費

　工程の始点で投入されるので、数量ベースで計算します。

$$504,600 \text{ 円} \times \frac{5,000 \text{ 個}}{5,000 \text{ 個} + 800 \text{ 個}} = 435,000 \text{ 円}……完成品 \text{ [03)} \ *1$$

$$504,600 \text{ 円} \times \frac{800 \text{ 個}}{5,000 \text{ 個} + 800 \text{ 個}} = 69,600 \text{ 円}……月末仕掛品*2$$

01)
当月の加工活動は、完成品の数量に換算すると5,000 個＋320 個 = 5,320 個分行われたことになります。

02)
（　）は換算量による計算数値を示します。
320 個＝800 個×0.4

03)
504,600 円－69,600 円＝435,000 円でもよいでしょう。

(2)加工費

換算量ベースで計算します。

$$425,600 \text{ 円} \times \frac{5,000 \text{ 個}}{5,000 \text{ 個} + 320 \text{ 個}} = 400,000 \text{ 円} \cdots\cdots 完成品 ^{04)} \quad *3$$

$$425,600 \text{ 円} \times \frac{320 \text{ 個}}{5,000 \text{ 個} + 320 \text{ 個}} = 25,600 \text{ 円} \cdots\cdots 月末仕掛品 *4$$

04)
425,600円－25,600
円＝400,000円でも
よいでしょう。

(3)合計

435,000 円 ＋ 400,000 円 ＝ 835,000 円 …… 完　成　品
69,600 円 ＋ 25,600 円 ＝ 95,200 円 …… 月末仕掛品

2．完成品単位原価の計算

(1)材料費

$$\frac{435,000 \text{ 円}}{5,000 \text{ 個}} = @ 87 \text{ 円}$$

(2)加工費

$$\frac{400,000 \text{ 円}}{5,000 \text{ 個}} = @ 80 \text{ 円}$$

(3)合計

@ 87 円 ＋ @ 80 円 ＝ @ 167 円 [05]

05)
$\frac{835,000 \text{ 円}}{5,000 \text{ 個}} = @167 \text{ 円}$
でもいいでしょう。

テキスト p.4-4
参照

Section
2 単純総合原価計算

問題 2 先入先出法・平均法

解答

(A)平均法		(B)先入先出法	
月末仕掛品原価	87,200円	月末仕掛品原価	87,640円
完成品総合原価	3,045,000円	完成品総合原価	3,044,560円
完成品単価 @	350円	完成品単価 @	349.95円

解　説

１．平均法
(1)生産データの整理[01]

仕　掛　品 [02]

102,500円	月　初　600 個	完　成　8,700 個　1,609,500円　*1
（　25,400円）	（180 個）[03]	（8,700 個）（1,435,500円）*3
1,581,000円	当　月　投　入　8,500個	月　末
（1,423,300円）	（8,600個）	400 個　74,000円　*2
		（80 個）[03]（13,200円）*4

@185円
（　@165円　）

(2)材料費の計算
工程の始点で投入されるので、数量ベースで計算します。

$$\frac{102,500 \text{円} + 1,581,000 \text{円}}{8,700 \text{個} + 400 \text{個}} \times 8,700 \text{個} = 1,609,500 \text{円}^{[04]} \cdots\cdots 完成品*1$$

$$\frac{102,500 \text{円} + 1,581,000 \text{円}}{8,700 \text{個} + 400 \text{個}} \times 400 \text{個} = 74,000 \text{円} \cdots\cdots 月末仕掛品*2$$

(3)加工費の計算
換算量ベースで計算します。

$$\frac{25,400 \text{円} + 1,423,300 \text{円}}{8,700 \text{個} + 80 \text{個}} \times 8,700 \text{個} = 1,435,500 \text{円}^{[05]} \cdots\cdots 完成品*3$$

$$\frac{25,400 \text{円} + 1,423,300 \text{円}}{8,700 \text{個} + 80 \text{個}} \times 80 \text{個} = 13,200 \text{円} \cdots\cdots 月末仕掛品*4$$

(4)月末仕掛品原価、完成品総合原価および完成品単価の計算

74,000 円 + 13,200 円 = 87,200 円……月末仕掛品原価
1,609,500 円 + 1,435,500 円 = 3,045,000 円……完成品総合原価

$$\frac{3,045,000 \text{円}}{8,700 \text{個}} = @ 350 \text{円} \cdots\cdots 完成品単価$$

01)
このようなボックス図を下書きとして書くとよいでしょう。

02)
（　）は換算量による計算数値を示します。

03)
600 個× 0.3 = 180 個
400 個× 0.2 ＝ 80 個

04)
別の計算方法
（＋）　　102,500 円
（＋）　1,581,000 円
（－）　　　74,000 円
　　　　1,609,500 円

05)
別の計算方法
（＋）　　 25,400 円
（＋）　1,423,300 円
（－）　　　13,200 円
　　　　1,435,500 円

２．先入先出法

(1)生産データの整理

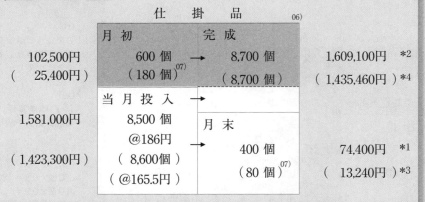

仕 掛 品 [06]

	月 初	完 成		
102,500円	600 個	8,700 個	1,609,100円	*2
（ 25,400円 ）	（ 180 個 ）[07]	（ 8,700 個 ）	（ 1,435,460円 ）	*4
	当 月 投 入 →			
1,581,000円	8,500 個	月 末		
	@186円	400 個	74,400円	*1
（ 1,423,300円 ）	（ 8,600 個 ）	（ 80 個 ）[07]	（ 13,240円 ）	*3
	（ @165.5円 ）			

当月の加工活動は完成品の数量に換算すると、8,600個分行われたことになります。

(2)材料費の計算

工程の始点で投入されるので、数量ベースで計算します。

$$\frac{1,581,000 \text{円}}{8,500 \text{個}} \times 400 \text{個} = 74,400 \text{円} \cdots\cdots 月末仕掛品 [08] *1$$

102,500 円 + 1,581,000 円 − 74,400 円 = 1,609,100 円…完成品 *2

(3)加工費の計算

換算量ベースで計算します。

$$\frac{1,423,300 \text{円}}{8,600 \text{個}} \times 80 \text{個} = 13,240 \text{円} \cdots\cdots 月末仕掛品 *3$$

25,400 円 + 1,423,300 円 − 13,240 円 = 1,435,460 円……完成品 *4

(4)月末仕掛品原価、完成品総合原価および完成品単価の計算

74,400 円 + 13,240 円 = 87,640 円……月末仕掛品原価
1,609,100 円 + 1,435,460 円 = 3,044,560 円……完成品総合原価

$$\frac{3,044,560 \text{円}}{8,700 \text{個}} = 349.949\cdots = @ 349.95 \text{円}\cdots\cdots 完成品単価 [09]$$

06)
（ ）は換算量による計算数値を示します。

07)
600 個× 0.3 = 180 個
400 個× 0.2 = 80 個

08)
まず月末仕掛品原価を計算し、差額で完成品原価を求めます。

09)
小数点以下第３位を四捨五入します。

テキスト p.4-11 〜 18
参照

問題
3 平均法①

解答

総合原価計算表　　　　　　　（単位：円）

摘　　要	原 料 費	加 工 費	合　　計
月初仕掛品原価	74,400	19,200	93,600
当 月 製 造 費 用	1,485,600	757,800	2,243,400
合　　計	1,560,000	777,000	2,337,000
差引：月末仕掛品原価	156,000	21,000	177,000
完成品総合原価	1,404,000	756,000	2,160,000
完成品単位原価	@195	@105	@300

仕 掛 品　　　　　　　（単位：円）

前 月 繰 越	(93,600)	製　　　　　品	(2,160,000)
材　　　　料	(1,485,600)	次 月 繰 越	(177,000)
諸　　　　口	(757,800)		
	(2,337,000)		(2,337,000)

解説

(1)生産データの整理（平均法による）

仕 掛 品 [01]

	月　初	完　成	
74,400円	400 kg	7,200 kg	1,404,000円 *1
(19,200円)	(200 kg)[02]	(7,200 kg)	(756,000円)*3
	当 月 投 入	月　末	
1,485,600円	7,600 kg	800 kg	156,000円 *2
(757,800円)	(7,200 kg)	(200 kg)[02]	(21,000円)*4

@195円

(@105円)

01)
( ) が換算量による計算数値を示しています。

02)
400kg × 50% = 200kg
800kg × 25% = 200kg

(2)材料費の計算

工程の始点で投入されるので、数量ベースで計算します。

$$\frac{74,400 円 + 1,485,600 円}{7,200kg + 800kg} \times 7,200kg = 1,404,000 円 \cdots\cdots 完成品 *1$$

$$\frac{74,400 円 + 1,485,600 円}{7,200kg + 800kg} \times 800kg = 156,000 円 \cdots\cdots 月末仕掛品 *2$$

$$\frac{1,404,000 円}{7,200kg} = @195 円 \cdots\cdots 完成品単位原価$$

(3)加工費の計算

換算量ベースで計算します。

$$\frac{19,200\text{円} + 757,800\text{円}}{7,200\text{kg} + 200\text{kg}} \times 7,200\text{kg} = 756,000\text{円}\cdots\cdots完成品 *3$$

$$\frac{19,200\text{円} + 757,800\text{円}}{7,200\text{kg} + 200\text{kg}} \times\ 200\text{kg} = 21,000\text{円}\cdots\cdots月末仕掛品 *4$$

$$\frac{756,000\text{円}}{7,200\text{kg}} = @\,105\text{円}\cdots\cdots完成品単位原価$$

テキスト p.4-11
参照

問題 4 平均法②

解答

月末仕掛品原価	*135,120*	円
完成品総合原価	*565,500*	円
完成品単位原価	@ *435*	円

解説

1. 生産データの把握 (01)

01)
左のようなボックス図を書くと理解しやすくなります。

02)
（　）は完成品換算量による数値を示します。

03)
300kg × 0.6 = 180kg
400kg × 0.4 = 160kg

２．材料費の計算

$$\frac{85,860 \text{円} + 378,240 \text{円}}{300\text{kg} + 1,400\text{kg}} \times 400\text{kg} = 109,200 \text{円} \cdots\cdots 月末仕掛品 *1$$

$$85,860 \text{円} + 378,240 \text{円} - 109,200 \text{円} = 354,900 \text{円} \cdots\cdots 完成品 *2$$

３．加工費の計算

$$\frac{35,040 \text{円} + 201,480 \text{円}}{180\text{kg} + 1,280\text{kg}} \times 160\text{kg} = 25,920 \text{円} \cdots\cdots 月末仕掛品 *3$$

$$35,040 \text{円} + 201,480 \text{円} - 25,920 \text{円} = 210,600 \text{円} \cdots\cdots 完成品 *4$$

４．月末仕掛品原価、完成品総合原価および完成品単位原価の計算

$$109,200 \text{円} + 25,920 \text{円} = 135,120 \text{円} \cdots\cdots 月末仕掛品原価$$

$$354,900 \text{円} + 210,600 \text{円} = 565,500 \text{円} \cdots\cdots 完成品総合原価$$

$$565,500 \text{円} \div 1,300\text{kg} = @435 \text{円} \cdots\cdots 完成品単位原価$$

テキスト p.4-11
参照

コラム　成長

最後に…

最後に「成長」という話をしましょう。

「組織の中で、自分が必要な存在だと思った瞬間に、その人はその組織に必要ない人間になっている」という話を聞いたことがあります。そしてこれはおそらく真実です。それは"自分が必要だ"と思った人は、その時点で成長が止まってしまっているからです。

みなさんがこれまで出会った人の中で、魅力的な人とそうでない人がいたことでしょう。その違いは「いまその人が成長しているか否か」だと思います。

人は人から学ぶものですが、成長の止まった人間から学ぶことなど何一つありません。いくら過去の実績が素晴らしかろうとも、です。

人間"成長すること"がなにより大事です。

IT技術の発展が目覚ましいこの時代、昨日のあなたの姿は明日にはパソコンが取って代わります。人が人であるためにも成長が大事です。

では、どうすれば人は成長し続けられるのでしょうか。

要素は２つあるように思います。

ひとつは"挑戦"です。

挑戦しない人は恥をかくことができない人で、この人は成長しません。「しなかったこと」を正当化して「できなかったこと」にすり替えて、自分自身にまで嘘をつきはじめる。これでは成長など望むべくもありません。

そしてもうひとつは、意外かも知れませんが"謙虚"のように思います。

謙虚な人は、他人の言葉に耳を傾け、物事の変化を心で捉えていく中で成長し、さらに周りもこの人への協力を惜しまなくなり、またその中で成長していきます。逆に、傲慢な人は、いいように利用されることはあっても、ほんとうに思いのある人の力を集めることはできません。

挑戦と謙虚。

この本を使っていただいたみなさんへのお礼の言葉に代えて、この２つの言葉をみなさんに贈ります。

いい未来を、築いていってください。

また、お会いしましょう。

問題 5 先入先出法

解 答

仕 掛 品

前 月 繰 越	(33,700)	製　　　　　品	(525,700)
材　　　　料	(217,600)	次 月 繰 越	(48,000)
諸　　　　口	(322,400)		
	(573,700)		(573,700)
前 月 繰 越	(48,000)		

解 説

1．生産データの把握

仕 掛 品 ⁰¹⁾

	月 初	完 成	
17,500 円	500 kg	6,100 kg	207,900 円 *2
（ 16,200 円 ）	（ 300 kg ）⁰²⁾	（ 6,100 kg ）	（317,800 円 ）*4
	当月投入		525,700 円
217,600 円	6,400 kg		
（322,400 円 ）	（ 6,200 kg ）		
		月 末	
		800 kg	27,200 円 *1
		（ 400 kg ）⁰²⁾	（ 20,800 円 ）*3

@ 34 円
（ @ 52 円 ）

2．材料費の計算

$$\frac{217,600\ 円}{6,400\text{kg}} \times 800\text{kg} = 27,200\ 円 \cdots\cdots 月末仕掛品\ *1$$

$$17,500\ 円 + 217,600\ 円 - 27,200\ 円 = 207,900\ 円 \cdots\cdots 完成品\ *2$$

3．加工費の計算

$$\frac{322,400\ 円}{6,200\text{kg}} \times 400\text{kg} = 20,800\ 円 \cdots\cdots 月末仕掛品\ *3$$

$$16,200\ 円 + 322,400\ 円 - 20,800\ 円 = 317,800\ 円 \cdots\cdots 完成品\ *4$$

4．月末仕掛品原価、完成品総合原価の計算

$$27,200\ 円 + 20,800\ 円 = 48,000\ 円 \cdots\cdots 月末仕掛品原価$$

$$207,900\ 円 + 317,800\ 円 = 525,700\ 円 \cdots\cdots 完成品総合原価$$

01)
（ ）は完成品換算量による数値を示します。

02)
500kg × 60%=300kg
800kg × 50%=400kg

テキスト p.4-15
参照

勘定記入

解答

材　料

*1	前 月 繰 越	(272,000)	仕 掛 品	(2,053,200)	*3
*2 + *5	〔買 掛 金〕	(2,413,600)	〔製造間接費〕	(340,000)	*6
			次 月 繰 越	(292,400)	*4 + *7
		(2,685,600)		(2,685,600)	

賃 金 給 料

*8 + *13	諸　　　口	(1,860,000)	前 月 未 払 額	(185,000)	*10 + *15
*9 + *14	当 月 未 払 額	(195,000)	〔仕 掛 品〕	(1,300,500)	*11
			製 造 間 接 費	(569,500)	*12 + *16
		(2,055,000)		(2,055,000)	

経　費

*17	水 道 光 熱 費	(245,000)	〔製造間接費〕	(363,000)	*20
*18	保 険 料	(50,000)			
*19	減 価 償 却 費	(68,000)			
		(363,000)		(363,000)	

製 造 間 接 費

*6	材　　　料	(340,000)	〔仕 掛 品〕	(1,272,500)	*21
*12 + *16	〔賃 金 給 料〕	(569,500)			
*20	経　　　費	(363,000)			
		(1,272,500)		(1,272,500)	

仕 掛 品

*22 + *23	前 月 繰 越	(656,130)	製　　　品	(3,933,930)	*24
*3	〔材　　　料〕	(2,053,200)	〔次 月 繰 越〕	(1,348,400)	*25
*11	賃 金 給 料	(1,300,500)			
*21	製 造 間 接 費	(1,272,500)			
		(5,282,330)		(5,282,330)	

製　品

*24	〔仕 掛 品〕	(3,933,930)	売 上 原 価	(2,723,490)	*26
			次 月 繰 越	(1,210,440)	*27
		(3,933,930)		(3,933,930)	

売 上 原 価

*26	〔製　　　品〕	(2,723,490)

売　上

		〔売 掛 金〕	(3,780,000)	*28

　本問は、費目別計算から売上原価の計算までの一連の流れが勘定記入という形で問われています。本問をとおして、費目別で学習した計算もあわせて再確認をしてください。

1．材料勘定

素　材　〈月次総平均法〉

	月初	消費
272,000円*1	400 kg	2,900 kg
	当月購入	
1,993,600円*2	2,800 kg	月末
		300 kg

2,053,200円*3 ＝ 272,000円 ＋ 1,993,600円 － 212,400円
（→仕掛品勘定へ）

$$212,400円*4 = \frac{272,000円 + 1,993,600円}{400\,kg + 2,800\,kg} \times 300\,kg$$

補助材料

	当月購入	消費
420,000円*5		
		月末

340,000円*6　（→製造間接費勘定へ）

80,000円*7 ＝ 420,000円 － 340,000円

2．賃金給料勘定

直接工賃金

	当月支払	前月未払
1,500,000円*8		120,000円*10
		当月消費
		直接作業
		850時間
150,000円*9	当月未払	間接・手待
		150時間

1,300,500円*11 ＝＠1,530円×850時間
（→仕掛品勘定へ）

229,500円*12 ＝＠1,530円×150時間
（→製造間接費勘定へ）

※当月の消費賃率
$$\frac{1,500,000円 - 120,000円 + 150,000円}{1,000時間} = @1,530円$$

※間接・手待時間：1,000時間 － 850時間 ＝ 150時間

間接工賃金・事務員給料

	当月支払	前月未払
360,000円*13		65,000円*15
		当月消費
45,000円*14	当月未払	

340,000円*16 ＝ 360,000円 － 65,000円 ＋ 45,000円
（→製造間接費勘定へ）

3．経費勘定

水道光熱費：　245,000円*17　＝ 235,000円 － 50,000円（前月未払）＋ 60,000円（当月未払）
保　険　料：　　50,000円*18　＝ 600,000円（年額）÷ 12カ月
減価償却費：　　68,000円*19　＝ 816,000円（年額）÷ 12カ月
　　　　　　　363,000円*20　（→製造間接費勘定へ）

4．製造間接費勘定

$340,000$円[6] $+ 229,500$円[12] $+ 340,000$円[16] $+ 363,000$円[20] $= 1,272,500$円[21]（→仕掛品勘定へ）
　　材　料　費　　　労　　務　　費　　　　経　　費

5．仕掛品勘定

※（　　）内は加工費および完成品換算量を表します。

仕　掛　品			〈先入先出法〉

	月初	完成
$408,300$円[22] （$247,830$円）[23]	300 個 （150 個）	1,300 個 （1,300 個）
$2,053,200$円[3] （$1,300,500$円）[11] （$1,272,500$円）[21]	当月投入 1,500 個 （1,550 個）	月末 500 個 （400 個）

$1,777,100$円　$= 408,300$円 $+ 2,053,200$円 $- 684,400$円
（$2,156,830$円）$=$（$247,830$円）$+$（$1,300,500$円）$+$（$1,272,500$円）$-$（$664,000$円）
$3,933,930$円[24]　完成品単位原価：@$3,026.1$円 $= 3,933,930$円 $÷ 1,300$個

$684,400$円　$= \dfrac{2,053,200\text{円}}{1,500\text{個}} \times 500\text{個}$

（$664,000$円）$= \dfrac{(1,300,500\text{円}) + (1,272,500\text{円})}{1,550\text{個}} \times 400\text{個}$

$1,348,400$円[25]

※加工費は直接労務費と製造間接費を合計します。直接労務費を漏らしやすいので注意しましょう。

6．製品勘定

売上原価：$2,723,490$円[26] $= $ @$3,026.1$円 $\times 900$個
月末製品：$1,210,440$円[27] $= $ @$3,026.1$円 $\times 400$個

7．売上勘定

$3,780,000$円[28] $= $ @$4,200$円 $\times 900$個

Chapter 5
個別原価計算

個別原価計算の方法

指図書別原価の計算

解 答

(1)直接作業時間基準 　　　　　　　　(単位：円)

	製造間接費配賦額	製造原価
＃1	52,500	232,500
＃2	94,500	334,500
＃3	105,000	405,000

(2)機械運転時間基準 　　　　　　　　(単位：円)

	製造間接費配賦額	製造原価
＃1	44,800	224,800
＃2	140,000	380,000
＃3	67,200	367,200

解 説

(1)**直接作業時間基準**

配賦率：$\dfrac{252,000\ 円}{600\ 時間} = @420\ 円$

配賦額
　＃1：@420円 × 125時間 = 52,500円
　＃2：@420円 × 225時間 = 94,500円
　＃3：@420円 × 250時間 = 105,000円
製造原価
　＃1：80,000円 + 100,000円 + 52,500円 = 232,500円
　＃2：60,000円 + 180,000円 + 94,500円 = 334,500円
　＃3：100,000円 + 200,000円 + 105,000円 = 405,000円

(2)機械運転時間基準

配賦率： $\dfrac{252,000 \text{円}}{450 \text{時間}} = @560\text{円}$

配賦額

1 ：@560円 × 80時間 = 44,800円

2 ：@560円 × 250時間 = 140,000円

3 ：@560円 × 120時間 = 67,200円

製造原価

1 ：80,000円 + 100,000円 + 44,800円 = 224,800円

2 ：60,000円 + 180,000円 + 140,000円 = 380,000円

3 ：100,000円 + 200,000円 + 67,200円 = 367,200円

テキスト p.5-3
参照

問題 2 指図書別原価計算表の作成①

解答

指図書別原価計算表　　　　　　（単位：円）

摘　要	# 10	# 11	# 12	合　計*1
直接材料費	500,000	700,000	600,000	1,800,000
直接労務費	915,000	830,000	935,000	2,680,000
製造間接費	400,000	540,000	500,000	1,440,000
合　　計*2	1,815,000	2,070,000	2,035,000	5,920,000
備　　考	完　成	完　成	仕掛中	

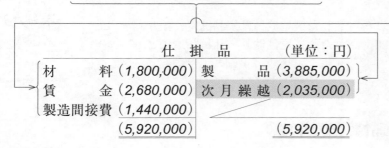

仕　掛　品　　　（単位：円）

材　　料（1,800,000）	製　　品（3,885,000）
賃　　金（2,680,000）	次月繰越（2,035,000）
製造間接費（1,440,000）	
（5,920,000）	（5,920,000）

解説

本問では、指図書別原価計算表と仕掛品勘定との対応関係を理解してください。指図書別原価計算表の各費目の合計欄（＊1）の金額は、そのまま仕掛品勘定の借方に対応し、各指図書の合計欄（＊2）の金額は、貸方に対応します。そのうち、完成した指図書の合計額は製品勘定へ振り替えられ、未完成の指図書の合計額は月末仕掛品原価として次月へ繰り越されます。

つまり、指図書別原価計算表は仕掛品勘定の内訳を表していることになります。

テキスト p.5-4 〜 5
参照

問題3 指図書別原価計算表の作成②

解答

指図書別原価計算表　　　　　（単位：円）

摘　要	No.1001	No.1002	No.1003	合　計
月初仕掛品原価	168,000	－	－	168,000
直接材料費	28,000	112,000	140,000	280,000
直接労務費	35,000	78,400	98,000	211,400
製造間接費	44,800	106,400	123,200	274,400
合　計	275,800	296,800	361,200	933,800
備　考	完　成	完　成	仕掛中	

仕　掛　品　　　　　（単位：円）

月初仕掛品	（　168,000）	当月完成品	（　572,600）
直接材料費	（　280,000）	月末仕掛品	（　361,200）
直接労務費	（　211,400）		
製造間接費	（　274,400）		
	（　933,800）		（　933,800）

解説

指図書別原価計算表と仕掛品勘定の対応を理解しましょう。
指図書別原価計算表の各費目の合計は、仕掛品勘定の借方に対応します。
また、完成した指図書に集計された製造原価は製品勘定に振り替え、未完成の指図書に集計された製造原価は月末仕掛品原価として、次月に繰り越します。

テキスト p.5-4〜5
参照

問題4 指図書別原価計算表の作成③

解答

指図書別原価計算表　　　　　（単位：円）

摘　要	No.501	No.502	No.503	合　計
直接材料費	84,000	168,800	185,680	438,480
直接労務費	56,000	84,000	112,000	252,000
製造間接費	16,800	25,200	33,600	75,600
合　計	156,800	278,000	331,280	766,080

月末仕掛品原価　156,800 円
月末製品原価　278,000 円

解 説

1．直接材料費

材料元帳の10日の摘要欄の「出庫（No.501）」は、No.501の製造のために出庫されたことを意味します。よって、払出金額の84,000円はNo.501の直接材料費として集計します。

なお、材料元帳より、消費価格の計算方法は移動平均法であることがわかります。

2．製造間接費の配賦

製造間接費は、直接労務費を基準に配賦します。

配賦率：$\dfrac{75,600 円}{252,000 円} = 0.3$

No.501	0.3 × 56,000円	= 16,800円
No.502	0.3 × 84,000円	= 25,200円
No.503	0.3 × 112,000円	= 33,600円
合　計		75,600円

3．月末仕掛品と月末製品

月末において、未完成のもの（No.501）は月末仕掛品、完成・未引渡のもの（No.502）は月末製品となります。

なお、個別原価計算の場合は、注文量のすべてが完成しないと完成品とはなりません。したがって140台の注文量のうち100台しか完成していないNo.501は月末仕掛品となります。

月末仕掛品原価（No.501）：156,800円

月末製品原価（No.502）：278,000円

テキスト p.5-4～5
参照

問題 5　勘定記入①

解 答

仕 掛 品 （単位：円）

月 初 有 高 （	1,289,000 ）	当 月 完 成 高 （	4,529,000 ）
当月製造費用:		月 末 有 高 （	2,008,000 ）
直 接 材 料 費 （	3,482,500 ）		
直 接 労 務 費 （	355,500 ）		
製 造 間 接 費 （	1,410,000 ）		
当月製造費用計 （	5,248,000 ）		
（	6,537,000 ）	（	6,537,000 ）

製 品 （単位：円）

月 初 有 高 （	1,570,000 ）	売 上 原 価 （	3,779,000 ）
当 月 完 成 高 （	4,529,000 ）	月 末 有 高 （	2,320,000 ）
（	6,099,000 ）	（	6,099,000 ）

解 説

　単純個別原価計算の問題です。勘定の流れをしっかりつかんだうえ
で、資料を分析する必要があります。

１．本問の流れ

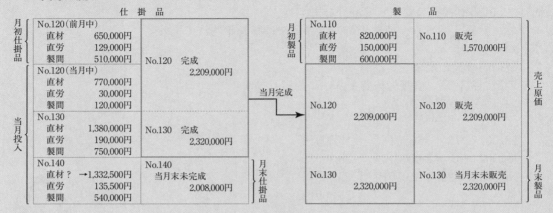

２．勘定記入

〔仕掛品勘定〕

(1)月初有高

> No.120（前月発生原価のみ）：650,000円＋129,000円＋510,000円
> 　　　　　　　　　　　　　　　＝1,289,000円

(2)直接材料費（当月投入）

直接材料費（平均法）

月初 400個	当月消費 1,750個
当月購入 1,600個	月末 250個

> 当月消費高：$\dfrac{@1,986円×400個+@1,991円×1,600個}{400個+1,600個}×1,750個=3,482,500円$
>
> No.140の消費額：3,482,500円−(770,000円＋1,380,000円)＝1,332,500円
> 　　　　　　　　　　　　　　　　　No.120・当月分　　　No.130

(3)直接労務費（当月消費）

> 30,000円＋190,000円＋135,500円＝355,500円
> No.120・当月分　　No.130　　　No.140

　No.120の前月中に集計された原価は、当月の製造費用には含めません。

(4)製造間接費（当月消費）

> 120,000円＋750,000円＋540,000円＝1,410,000円
> No.120・当月分　　　No.130　　　　No.140

(5)当月完成高

No.120（前月中）：650,000円 + 129,000円 + 510,000円 = 1,289,000円
No.120（当月中）：770,000円 + 30,000円 + 120,000円 = 920,000円
2,209,000円
No.130：1,380,000円 + 190,000円 + 750,000円 = 2,320,000円
合　計：2,209,000円 + 2,320,000円 = 4,529,000円

(6)月末有高

No.140：1,332,500円 + 135,500円 + 540,000円 = 2,008,000円

〔製品勘定〕
(7)月初有高

No.110：820,000円 + 150,000円 + 600,000円 = 1,570,000円

(8)当月完成高

上記(5)より 4,529,000円

(9)売上原価

No.110：1,570,000円
No.120：2,209,000円
合　計：1,570,000円 + 2,209,000円 = 3,779,000円

(10)月末有高

No.130：2,320,000円

テキスト p.5-6 ～ 7
参照

問題 6　勘定記入②

解答

仕　掛　品		（単位：円）	
7／1 月初有高	(5,950,000[01])	7／31 当月完成高	(13,400,000[05])
7／31 直接材料費	(1,540,000[02])	〃 月末有高	(1,540,000)
〃 直接労務費	(2,960,000[03])		
〃 製造間接費	(4,490,000[04])		
	(14,940,000)		(14,940,000)

製　品		（単位：円）	
7／1 月初有高	(4,060,000)	7／31 売上原価	(12,460,000[06])
7／31 当月完成高	(13,400,000[05])	〃 月末有高	(5,000,000)
	(17,460,000)		(17,460,000)

01)
4,480,000円 + 1,470,000円
= 5,950,000円
02)
700,000円 + 840,000円
= 1,540,000円
03)
(1,960,000円 − 1,680,000円)
+ (1,120,000円 − 420,000円)
+ 1,700,000円 + 280,000円
= 2,960,000円
04)
(2,940,000円 − 2,520,000円)
+ (1,680,000円 − 630,000円)
+ 2,600,000円 + 420,000円
= 4,490,000円
05)
5,180,000円 + 3,220,000円 +
5,000,000円 = 13,400,000円
06)
4,060,000円 + 5,180,000円 +
3,220,000円 = 12,460,000円

　個別原価計算の勘定記入の問題です。勘定の流れをしっかりつかん
だうえで、資料を分析する必要があります。

1．各製品の流れ

　製造指図書別着手・完成・引渡記録の資料から、各製品が7月の月
初および月末現在でどのような状況にあるのかをまとめます。

製造指図書番号	状　　況	7月初	7月末
101	6月完成、7月引渡	製品	売上原価
102	6月着手、7月完成・引渡	仕掛品	売上原価
103	6月着手、7月完成・引渡	仕掛品	売上原価
104	7月着手・完成、7月末未引渡	－	製品
105	7月着手、7月末未完成	－	仕掛品

2．勘定の流れ

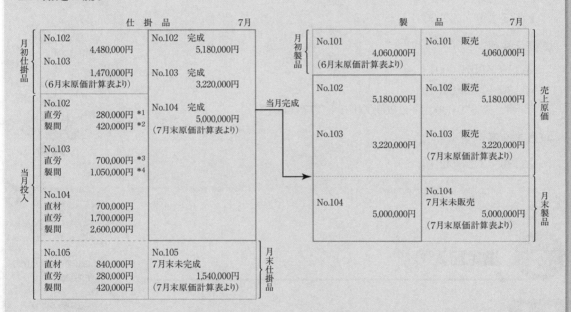

＊1　1,960,000円（7月末時点の原価計算表）－1,680,000円（6月末時点の原価計算表）=　280,000円
＊2　2,940,000円（7月末時点の原価計算表）－2,520,000円（6月末時点の原価計算表）=　420,000円
＊3　1,120,000円（7月末時点の原価計算表）－　420,000円（6月末時点の原価計算表）=　700,000円
＊4　1,680,000円（7月末時点の原価計算表）－　630,000円（6月末時点の原価計算表）=1,050,000円

テキスト p.5-6～7
参照

模擬問題

第1問 次の1〜5について，直接材料費，直接労務費，間接材料費，間接労務費，間接経費のいずれかに分類し，解答欄に記入しなさい。（10点）

1．製パン工場における製パン用オーブンの減価償却費
2．製パン工場における製造途中のパン粉を入れておくボウルなど少額の調理器具購入額
3．製パン工場における事務員の給料
4．製パン工場における小麦粉など素材の消費額（減耗分を除く）
5．製パン工場におけるパン作り工員への調理時間分の賃金

第2問 下の1〜6の取引は，家具の受注生産を行っている全経工務店における一連の製造活動の一部である。次の中から最も正しいと思われる勘定科目を用いて，これらを仕訳しなさい。（24点）

仕 掛 品	賃 金	買 掛 金	水 道 光 熱 費
売 上 原 価	材 料	売 上	製 品
発 送 費	売 掛 金	現 金	製 造 間 接 費

1．家具製造用の木材100,000円を掛けで購入した。なお，運送代10,000円は現金で支払った。
2．顧客Aからタンス200,000円の注文を受け，木材40,000円を使用したため，その分を仕掛品勘定へ振り替えた。
3．作業員の賃金のうち，顧客Aから注文を受けたタンスを作るための分は90,000円であったため，その分を仕掛品勘定へ振り替えた。
4．水道光熱費などの製造間接費のうち，顧客Aから注文を受けたタンスを製造するための分は30,000円であったため，その分を仕掛品勘定へ振り替えた。
5．顧客Aから注文を受けたタンスが完成したため，計160,000円の製造費用を製品勘定へ振り替えた。
6．顧客Aに完成したタンスを予定通りの価格で現金にて販売した。これと同時に製品原価を売上原価勘定へ振り替えた。

第3問 単純総合原価計算を採用している全経製作所株式会社の当月の生産データと原価データは次の通りである。これらのデータにもとづいて，平均法によって計算した場合，解答用紙の空欄に入る金額を答えなさい。なお，材料は始点で全量投入される。（16点）

＜生産データ＞
　月初仕掛品：　500kg（仕上り程度：60％）
　当月投入量：3,500kg
　当月完成品：3,000kg
　月末仕掛品：1,000kg（仕上り程度：50％）

＜原価データ＞
　月初仕掛品原価
　　直接材料費：43,500円
　　加　工　費：32,800円
　当月製造費用
　　直接材料費：276,500円
　　加　工　費：387,200円

第4問 次のア～オは，以下に示した勘定の空欄①～⑤のいずれに入るのが最も適当か。解答用紙の①～⑤にア～オの記号で答えなさい。（20点）

ア．完成した製品の原価　　イ．製造間接費の配賦額　　ウ．顧客に引き渡した製品の原価
エ．製品に取り付ける買入部品の消費額　　オ．間接工の賃金要支払額

材　　　　料

前 月 繰 越		仕 掛 品	①
諸　　　　口		製 造 間 接 費	
		次 月 繰 越	

賃　　　　金

諸　　　　口		未 払 賃 金	
未 払 賃 金		仕 掛 品	
		製 造 間 接 費	②

製 造 間 接 費

材　　　　料		仕 掛 品	③
賃　　　　金	②		
経　　　　費			

仕 掛 品

前 月 繰 越		製　　　　品	④
材　　　　料	①	**次 月 繰 越**	
賃　　　　金			
製 造 間 接 費	③		

製　　　　品

前 月 繰 越		売 上 原 価	⑤
仕 掛 品	④	**次 月 繰 越**	

売 上 原 価

製　　　　品	⑤	月 次 損 益	

第5問 以下は，全経印刷株式会社の8月の取引に関する資料である。これらの資料にもとづいて，解答用紙の原価計算表を完成させなさい。(30点)

1．同社は個別原価計算制度を採用し，顧客の注文に応じてチラシやパンフレットを印刷し，完成後，直ちに顧客に引き渡している。

2．8月は製造指図書番号♯301～♯303の製造に従事し，受注日と引渡日は以下の通りである。

製造指図書番号	受注日	引渡日
♯301	7/25	8/8
♯302	8/9	8/23
♯303	8/22	9/5（予定）

3．8月の材料元帳は以下の通りである。

材　料　元　帳　　　　　　　　　　（単位：円）

日付		摘要	受　入			払　出			残　高		
			数量	単価	金額	数量	単価	金額	数量	単価	金額
8	1	前月繰越	10	100	1,000				10	100	1,000
	10	仕　入	300	90	27,000				310 ⎰ 10	100	
									300	90	28,000
	11	出庫(#302)				300 ⎰ 10	100				
						290	90	27,100	10	90	900
	23	仕　入	200	105	21,000				210 ⎰ 10	90	
									200	105	21,900
	24	出庫(#303)				200 ⎰ 10	90				
						190	105	20,850	10	105	1,050
	31	次月繰越				10	105	1,050			
			510		49,000	510		49,000			
9	1	前月繰越	10	105	1,050				10	105	1,050

4．8月の製造指図書番号別直接作業時間は以下の通りである。

製造指図書番号♯301：60時間
製造指図書番号♯302：150時間
製造指図書番号♯303：90時間

5．製造間接費は直接作業時間を基準に製造指図書番号別に配賦している。

第1問（10点）

1		2		3	
4		5			

第2問（24点）

	借 方 科 目	金 額	貸 方 科 目	金 額
1				
2				
3				
4				
5				
6				

第3問（16点）

直 接 材 料 費

月初仕掛品	500kg	43,500 円	当月完成品	3,000kg（	）円
当 月 投 入	3,500kg	276,500 円	月末仕掛品	1,000kg（	）円

加 工 費

月初仕掛品	? kg	32,800 円	当月完成品	3,000kg（	）円
当 月 投 入	? kg	387,200 円	月末仕掛品	? kg（	）円

第4問（20点）

①		②		③	
④		⑤			

第5問（30点）

原 価 計 算 表　　　　　　　　（単位：円）

摘要　＼　指図書	＃ 301	＃ 302	＃ 303	合　　計
月初仕掛品原価	252,050	———	———	252,050
直 接 材 料 費	———	（　　　）	（　　　）	47,950
直 接 労 務 費	（　　　）	（　　　）	（　　　）	900,000
製 造 間 接 費	（　　　）	（　　　）	（　　　）	1,200,000
合　　　計	（　　　）	（　　　）	（　　　）	2,400,000
備　　　考	完　成	完　成	仕　掛　中	

【解答・解説】

第 1 問(10点) ＠2 点 × 5 ＝ 10 点

1	間接経費	2	間接材料費	3	間接労務費
4	直接材料費	5	直接労務費		

〔解説〕　　　　　　　　　　　　　　　（参照：テキスト編 Chapter 3 Section 1 ～ 3）

1．物品の消費額は材料費、労働力の消費額は労務費、物品・労働力以外の消費額は経費です。
　　よって、製パン用オーブンの減価償却費は経費です。また、減価償却費は、製品 1 個あたり
　　に直接的に集計することができないため、間接経費です。
2．少額の調理器具購入額は、消耗工具器具備品費として、間接材料費となります。
3．工場の事務員の給料の消費額は、間接労務費です。直接労務費となるのは、直接工の直接
　　作業時間に対する賃金の消費額のみです。
4．小麦粉は製品の主要な素材であるため、直接材料費です。
5．パン作り工員は直接工であり、その調理時間は直接作業時間であるため、その賃金の消費
　　額は直接労務費です。

第2問(24点)

@ 4点 × 6 = 24点

	借　方　科　目	金　　額	貸　方　科　目	金　　額
1	材　　　　　料	110,000	買　　掛　　金 現　　　　　金	100,000 10,000
2	仕　　掛　　品	40,000	材　　　　　料	40,000
3	仕　　掛　　品	90,000	賃　　　　　金	90,000
4	仕　　掛　　品	30,000	製　造　間　接　費	30,000
5	製　　　　　品	160,000	仕　　掛　　品	160,000
6	現　　　　　金 売　上　原　価	200,000 160,000	売　　　　　上 製　　　　　品	200,000 160,000

〔解説〕　　　　　　　　　　　　　　　（参照：テキスト編 Chapter 3 Section 1〜5）

1．材料の購入原価＝100,000円（購入代価）＋10,000円（引取運賃）＝110,000円

2．タンスを製造するための木材の消費額40,000円は直接材料費であるため、材料勘定から仕掛品勘定に振り替えます。

3．タンスを製造するための作業員（直接工）の直接作業時間に対する賃金の消費額90,000円は直接労務費であるため、賃金勘定から仕掛品勘定に振り替えます。

4．製造間接費の配賦額30,000円を、製造間接費勘定から仕掛品勘定に振り替えます。

5．完成品原価160,000円を、仕掛品勘定から製品勘定に振り替えます。なお、この完成品原価は、2．の直接材料費40,000円、3．の直接労務費90,000円、4．の製造間接費30,000円の合計です。

6．売上200,000円を計上するとともに、販売した製品の原価160,000円を製品勘定から売上原価勘定に振り替えます。

直 接 材 料 費

| 月初仕掛品 | 500kg | 43,500 円 | 当月完成品 | 3,000kg | (● 240,000) 円 |
| 当 月 投 入 | 3,500kg | 276,500 円 | 月末仕掛品 | 1,000kg | (● 80,000) 円 |

加 工 費

| 月初仕掛品 | ? kg | 32,800 円 | 当月完成品 | 3,000kg | (● 360,000) 円 |
| 当 月 投 入 | ? kg | 387,200 円 | 月末仕掛品 | ? kg | (● 60,000) 円 |

〔解説〕　　　　　　　　　　　　　　　　　　　　　　　**(参照：テキスト編 Chapter 4)**

　本問での原価配分方法は、平均法です。平均法か先入先出法のどちらが指示されているかを必ず確認しましょう。

仕　掛　品

```
                月初仕掛品      完成品
材  43,500 円     500 kg       3,000 kg    ×   @  80 円  =   240,000 円
加（ 32,800 円）（ 300 kg *1）（ 3,000 kg ）  ×（@ 120 円）=（ 360,000 円）
                当月投入                                    600,000 円
材  276,500 円    3,500 kg     月末仕掛品
加（387,200 円）（ 3,200 kg *3）  1,000 kg    ×   @  80 円  =    80,000 円
                             （ 500 kg *2）  ×（@ 120 円）=（  60,000 円）
                                                           140,000 円

材  320,000 円 ⟵@ 80 円⟶ 4,000 kg
加（420,000 円）⟵⟶（ 3,500 kg ）
              @ 120 円
```

＊1　500kg × 60% = 300kg

＊2　1,000kg × 50% = 500kg

＊3　貸借差引

仮に、原価配分方法が先入先出法であったときには、次のようになります。

仕　掛　品

```
                月初仕掛品      完成品
材  43,500 円     500 kg       3,000 kg    43,500 円 + 276,500 円 − 79,000 円       =  241,000 円
加（ 32,800 円）（ 300 kg ）（ 3,000 kg ）（32,800 円）+（387,200 円）−（60,500 円）=（ 359,500 円）
                当月投入                                                           600,500 円
      @ 79 円
材  276,500 円 ⟵⟶ 3,500 kg     月末仕掛品
加（387,200 円）⟵⟶（ 3,200 kg ）  1,000 kg   ×   @  79 円  =   79,000 円
      @ 121 円                （ 500 kg ）  ×（@ 121 円）=（ 60,500 円）
                                                           139,500 円
```

第4問 （20点）

①	エ	②	オ	③	イ
④	ア	⑤	ウ		

〔解説〕 　　　　　　　　　　　　　　　　　　　（参照：テキスト編 Chapter 3 Section 5）

　①は，材料勘定から仕掛品勘定への振替えなので，直接材料費に該当します。よって，「エ．製品に取り付ける買入部品の消費額」が当てはまります。

　②は，賃金勘定から製造間接費勘定への振替えなので，間接労務費に該当します。よって，「オ．間接工の賃金要支払額」が当てはまります。

　③は，製造間接費から仕掛品勘定への振替えなので，「イ．製造間接費の配賦額」が当てはまります。

　④は，仕掛品勘定から製品勘定への振替えなので，「ア．完成した製品の原価」が当てはまります。

　⑤は，製品勘定から売上原価勘定への振替えなので，「ウ．顧客に引き渡した製品の原価」が当てはまります。

第5問 （30点）

原 価 計 算 表 　　　　　　　　　　　　　（単位：円）

摘要 ＼ 指図書	＃301	＃302	＃303	合　計
月初仕掛品原価	252,050	———	———	252,050
直 接 材 料 費	———	（● 27,100）	（● 20,850）	47,950
直 接 労 務 費	（● 180,000）	（● 450,000）	（ 270,000）	900,000
製 造 間 接 費	（ 240,000）	（ 600,000）	（● 360,000）	1,200,000
合 　 計	（● 672,050）	（ 1,077,100）	（ 650,850）	2,400,000
備 　 考	完 　 成	完 　 成	仕 掛 中	

〔解説〕 　　　　　　　　　　　　　　　　　　　　　（参照：テキスト編 Chapter 5）

・直接材料費

　　＃302：材料元帳8月11日の払出欄より、27,100円

　　＃303：材料元帳8月24日の払出欄より、20,850円

・直接労務費

　(1)　解答用紙の合計金額900,000円と資料4.の直接作業時間合計より、実際賃率を求めます。

$$\frac{900,000\,円}{\underset{(\#301)}{60\,時間}+\underset{(\#302)}{150\,時間}+\underset{(\#303)}{90\,時間}}=@3,000\,円$$

(2)　指図書別の消費額を計算します。

　　＃301：＠3,000円×　60時間 ＝ 180,000円

　　＃302：＠3,000円× 150時間 ＝ 450,000円

　　＃303：＠3,000円×　90時間 ＝ 270,000円

・製造間接費

(1)　解答用紙の合計金額1,200,000円と資料4.の直接作業時間合計より、実際配賦率を求めます。

$$\frac{1,200,000 \text{円}}{\underset{(\#301)}{60 \text{時間}} + \underset{(\#302)}{150 \text{時間}} + \underset{(\#303)}{90 \text{時間}}} = @4,000 \text{円}$$

(2)　指図書別の配賦額を計算します。

　　＃301：＠4,000円×　60時間 ＝ 240,000円

　　＃302：＠4,000円× 150時間 ＝ 600,000円

　　＃303：＠4,000円×　90時間 ＝ 360,000円

索　引

■監修
　新田 忠誓　商学博士（一橋大学）
　　一橋大学名誉教授
　　日本簿記学会顧問、一般社団法人　資格教育推進機構代表理事
　　1977年　一橋大学大学院商学研究科博士課程単位修得
　　神奈川大学経済学部、慶應義塾大学商学部、一橋大学商学部・商学研究科などを経て、
　　現在、一橋大学名誉教授
　　公認会計士・不動産鑑定士・税理士試験委員など歴任。

■編著
　桑原 知之（ネットスクール株式会社）

■制作スタッフ
　藤巻健二　中嶋典子　石川祐子　吉永絢子　吉川史織

■表紙デザイン
　株式会社スマートゲート

本書の発行後に公表された法令等及び試験制度の改正情報、並びに判明した誤りに関する訂正情報
については、弊社 WEB サイト内の『読者の方へ』にてご案内しておりますので、ご確認下さい。

https://www.net-school.co.jp/

なお、万が一、誤りではないかと思われる箇所のうち、弊社 WEB サイトにて掲載がないものにつ
きましては、**書名（ＩＳＢＮコード）と誤りと思われる内容**のほか、お客様の**お名前及びご連絡先
（電話番号）**を明記の上、弊社まで**郵送または e-mail** にてお問い合わせ下さい。
＜郵送先＞　〒101 − 0054
　　　　　　東京都千代田区神田錦町 3 − 23 メットライフ神田錦町ビル 3 階
　　　　　　ネットスクール株式会社　正誤問い合わせ係
＜e-mail＞　seisaku@net-school.co.jp

※正誤に関するもの以外のご質問、本書に関係のないご質問にはお答えできません。
※**お電話によるお問い合わせはお受けできません。**ご了承下さい。
※回答及び内容確認のためにお電話を差し上げることがございますので、必ずご連絡先をお書きください。

全経　簿記能力検定試験　公式テキスト＆問題集　2級工業簿記

2024年 3 月19日　初版　第 1 刷発行

監 修 者　新　　田　　忠　　誓
編 著 者　桑　　原　　知　　之
発 行 者　桑　　原　　知　　之
発 行 所　ネ ッ ト ス ク ー ル 株 式 会 社
　　　　　出　　版　　本　　部
　　　　　〒101-0054　東京都千代田区神田錦町3-23
　　　　　電　話　03（6823）6458（営業）
　　　　　FAX　03（3294）9595
　　　　　https://www.net-school.co.jp/
DTP制作　ネ ッ ト ス ク ー ル 株 式 会 社
印刷・製本　日 経 印 刷 株 式 会 社

© Net-School 2024　　Printed in Japan　　ISBN 978-4-7810-0362-7

落丁・乱丁本はお取替えいたします。